William Shakespeare

Shakspeares dramatische Werke

König Johann - König Richard der Zweite

William Shakespeare

Shakspeares dramatische Werke
König Johann - König Richard der Zweite

ISBN/EAN: 9783743630277

Hergestellt in Europa, USA, Kanada, Australien, Japan

Cover: Foto ©ninafisch / pixelio.de

Weitere Bücher finden Sie auf **www.hansebooks.com**

Shakspeare's
dramatische Werke,

übersetzt

von

August Wilhelm Schlegel.

Fünfter Theil.

Berlin,
bei Johann Friedrich Unger.
1799.

König Johann.

Personen.

König Johann.

Prinz Heinrich, sein Sohn, nachmaliger König Heinrich der Dritte.

Arthur, Herzog von Bretagne, Sohn des verstorbnen Herzogs Gottfried von Bretagne, älteren Bruders vom König Johann.

William Mareshall, Graf von Pembroke.

Geffrey Fitz-Peter, Graf von Essex, Oberrichter von England.

William Longsword, Graf von Salisbury.

Robert Bigot, Graf von Norfolk.

Hubert de Burgh, Kämmerer des Königs.

Robert Faulconbridge, Sohn des Sir Robert Faulconbridge.

Philipp Faulconbridge, sein Halbbruder, Bastard König Richard des ersten.

James Gurney, Diener der Lady Faulconbridge.

Peter von Pomfret, ein Prophet.

Philipp, König von Frankreich.

Louis, der Dauphin.

Der Erzherzog von Österreich.

Cardinal Pandulpho, Legat des Pabstes.

Melun, ein französischer Edelmann.

Chatillon, Gesandter von Frankreich an König Johann.

Eleonora, die Wittwe König Heinrich des zweyten, und Mutter König Johanns.

Constanze, Arthurs Mutter.

Blanca, Tochter Alfonso's, des Königs von Castilien, und Nichte König Johanns.

Lady Faulconbridge, Mutter des Bastards und Roberts Faulconbridge.

Herren und Frauen, Bürger von Angers, ein Sheriff, Herolde, Beamte, Soldaten, Boten und andres Gefolge.

Die Szene ist bald in England, bald in Frankreich.

Erster Aufzug.

Erste Szene.

Northampton. Ein Staatszimmer im Palaste.

König Johann, Königin Eleonore, Pembroke, Essex, Salisbury und Andre, nebst Chatillon, treten auf.

König Johann.

Nun, Chatillon, sag, was will Frankreich uns?

Chatillon.

So redet Frankreichs König nach dem Gruß,
In meiner Eigenschaft, zur Majestät,
Erborgten Majestät von England hier.

Eleonore.

Erborgten Majestät? Seltsamer Anfang!

König Johann.

Still, gute Mutter! Hört die Bothschaft an.

Chatillon.

Philipp von Frankreich, kraft und laut des Namens
Von deines weiland Bruder Gottfried Sohn,
Arthur Plantagenet, spricht rechtlich an
Dieß schöne Eiland samt den Länderevn,
Als Irland, Poictiers, Anjou, Touraine, Maine;
Begehrend, daß du legst beyseit das Schwert,
Das dieses Erb anmaßendlich beherrscht,
Daß Arthur es aus deiner Hand empfange,
Dein Neff' und königlicher Oberherr.

König Johann.

Und wenn wir dieses weigern, was erfolgt?

Chatillon.

Der stolze Zwang des wilden blut'gen Kriegs,
Zu dringen auf dieß abgedrungne Recht.

König Johann.

Wir haben Krieg für Krieg, und Blut für Blut,
Zwang wider Zwang: antworte Frankreich das.

Chatillon.

So nehmt denn meines Königs Fehderuf
Aus meinem Munde, meiner Botschaft Ziel.

König Johann.

Bring meinen ihm, und scheid' in Frieden so.
Sey du in Frankreichs Augen wie der Blitz:
Denn eh du melden kannst, ich komme hin,
Soll man schon donnern hören mein Geschütz.

Hinweg denn! Sey du unsers Grimms Trompete,
Und dumpfe Vorbedeutung eures Falls. —
Gebt ehrliches Geleit ihm auf den Weg:
Besorgt es, Pembroke. — Chatillon, leb wohl.

(Chatillon und Pembroke ab.)

Eleonora.

Wie nun, mein Sohn? Hab' ich nicht stets gesagt,
Constanzens Ehrgeiz würde nimmer ruhn,
Bis sie für ihres Sohns Partey und Recht,
Frankreich in Brand gesetzt und alle Welt?
Dieß konnte man verhüten; es war leicht
Durch freundliche Vermittlung auszugleichen,
Was die Verwaltung zweyer Reiche nun
Durch schrecklich blut'gen Ausgang muß entscheiden.

König Johann.

Uns schirmt Besitzes Macht und unser Recht.

Eleonora.

Besitzes Macht weit mehr als euer Recht,
Sonst müßt' es übel gehn mit euch und mir.
So flüstert in das Ohr euch mein Gewissen,
Was nur der Himmel, ihr und ich soll wissen.

Der Sheriff von Northamptonshire tritt auf, und spricht heimlich mit Essex.

Essex.

Mein Fürst, hier ist der wunderlichste Streit,

Vom Land vor euren Richterstuhl gebracht,
Wovon ich je gehört. Bring' ich die Leute?

König Johann.

Ja, führt sie vor. — (Sheriff ab.)
Die Klöster und Abteyen sollen zahlen
Die Kosten dieses Zugs. —

Der Sheriff kommt zurück mit Robert Faulconbridge und Philipp seinem Bastard-Bruder.

Wer seyd ihr beyde?

Bastard.

Ich euer treuer Knecht, ein Edelmann,
Hier aus Northamptonshire, und, wie ich glaube,
Der älste Sohn des Robert Faulconbridge;
Ein Krieger, dem die Ruhmverleih'nde Hand
Des Löwenherz im Feld zum Ritter schlug.

König Johann.

Wer bist du?

Robert.

Der Erb' und Sohn desselben Faulconbridge.

König Johann.

Ist das der ält're, und der Erbe du?
So scheints, ihr seyd von Einer Mutter nicht.

Bastard.

Gewiß von Einer Mutter, mächtger König,
Das weiß man und ich denk' auch, Einem Vater:
Doch die gewisse Kenntniß dieses Punkts

Macht mit dem Himmel aus und meiner Mutter.
Ich zweifle dran, wie jeder Sohn es darf.

Eleonora.

Pfui, grober Mann! Du schändest deine Mutter,
Und fränkest ihren Ruf mit dem Verdacht.

Bastard.

Ich, gnäd'ge Frau? Ich habe keinen Grund;
Das schützt mein Bruder vor, ich keineswegs:
Denn wenn er es beweist, so prellt er mich
Zum mindsten um fünfhundert Pfund des Jahrs.
Gott schütz' mein Land und meiner Mutter Ehre!

König Johann.

Ein wackrer dreister Bursch! — Warum spricht er,
Als jüngstgebohrner, deine Erbschaft an?

Bastard.

Ich weiß nicht, außer um das Land zu kriegen;
Doch einmal schalt er einen Bastard mich.
Ob ich so ächt erzeugt bin oder nicht,
Das leg' ich stets auf meiner Mutter Haupt;
Allein, daß ich so wohl erzeugt, mein Fürst,
(Ruh dem Gebein, das sich für mich bemüht!)
Vergleicht nur die Gesichter, richtet selbst.
Wenn uns der alte Herr, Sir Robert, beide
Erzeugt, und dieser Sohn dem Vater gleicht, —
O alter Robert! Vater! siehe mich
Gott knieend danken, daß ich dir nicht glich.

König Johann.

Nun, welch ein Tollkopf ist uns hier bescheert?

Eleonora.

Er hat etwas von Löwenherzens Zügen,
Und seiner Sprache Ton ist ihm verwandt.
Erkennt ihr nicht Merkmale meines Sohnes
Im großen Gliederbaue dieses Manns?

König Johann.

Mein Aug hat seine Bildung wohl erforscht,
Man findt ihn völlig Richard. — Ihr da, sprecht,
Was treibt euch, eures Bruders Land zu fordern?

Bastard.

Weil er ein Halbgesicht hat, wie mein Vater,
Möcht' er mein Land ganz, für das Halbgesicht.
Sein Grosche, mit dem Halbgesicht verziert,
Brächt' ihm alsdann fünfhundert Pfund des Jahrs.

Robert.

Mein gnäd'ger Lehnsherr, als mein Vater lebte,
Braucht' euer Bruder meinen Vater oft, —

Bastard.

Ey Herr, damit gewinnt ihr nicht mein Land:
Erzählt uns, wie er meine Mutter brauchte.

Robert.

Und sandt' ihn einst auf eine Botschaft aus,
Nach Deutschland, mit dem Kaiser dort zu handeln
In wichtigen Geschäften jener Zeit.
Der König nutzte die Entfernung nun,
Und wohnt' indeß in meines Vaters Haus.
Wie ers erlangte, schäm' ich mich zu sagen;

Doch wahr ist wahr: es trennten meinen Vater
Von meiner Mutter Strecken See und Land.
(Wie ich von meinem Vater selbst gehört)
Als dieser muntre Herr da ward erzeugt.
Auf seinem Todtbett ließ er mir sein Land
Im Testament, und nahms auf seinen Tod,
Der, meiner Mutter Sohn, sey seiner nicht;
Und war er es, so kam er in die Welt
An vierzehn Wochen vor der rechten Zeit.
Drum, bester Fürst, gesteht mir zu, was mein:
Des Vaters Land nach meines Vaters Willen.

König Johann.

Ey, euer Bruder ist ein ächtes Kind,
Des Vaters Weib gebahr ihn in der Eh,
Und wenn sie ihn betrog, ists ihre Schuld,
Worauf es alle Männer wagen müssen,
Die Frauen nehmen. Sagt mir, wenn mein Bruder
Der, wie ihr sagt, sich diesen Sohn geschafft,
Von eurem Vater ihn gefodert hätte:
Traun, guter Freund, sein Kalb von seiner Kuh
Konnt' er behaupten gegen alle Welt;
Das konnt' er, traun! War er von meinem Bruder,
So konnt' ihn der nicht fordern; euer Vater
Ihn nicht verläugnen, war er auch nicht sein,
Kurz meiner Mutter Sohn zeugt' eures Vaters Erben,
Dem Erben kommt das Land des Vaters zu.

Robert.

Hat meines Vaters Wille keine Kraft
Das Kind, das nicht das seine, zu enterben?

Bastard.

Nein, nicht mehr Kraft mich zu enterben, Herr,
Als, wie ich glaub', er mich zu zeugen hatte.

Eleonora.

Was willst du lieber seyn? ein Faulconbridge,
Und wie dein Bruder deines Lands dich freun,
Oder anerkannter Sohn des Löwenherz,
Herr deiner selbst, und sonst kein Land dabey?

Bastard.

Ja, Fürstin, säh mein Bruder aus wie ich,
Und ich wie er, Sir Roberts Ebenbild;
Und hätt' ich Beine wie zwey Reitergerten,
Und Arme, wie von ausgestopfter Aalhaut,
Ein dünn Gesicht, daß ich mit keiner Rose,
Ins Ohr gesteckt, mich dürfte lassen sehn,
Daß man nicht schrie: seht doch Drey-Heller gehn!
Und wär' ich Erbe dieses Lands dabey:
Ich will von hier nie weichen, gäb' ich nicht
Den letzten Fußbreit hin für dieß Gesicht.
Um keinen Preis würd' ich ein solcher Wicht.

Eleonora.

Ich hab dich gern: willst du dein Theil verlassen,
Das Land ihm übermachen, und mir folgen?
Ich bin Soldat, und geh auf Frankreich los.

Bastard.

Bruder, nimm du mein Land, wie ich mein Loos.
Gilt eu'r Gesicht fünfhundert Pfund auch heuer,
Verkauft ihrs für fünf Heller doch zu theuer. —
Ich folge, gnäd'ge Frau, euch in den Tod.

Eleonora.

Ich will voran euch lieber gehen lassen.

Bastard.

Des Landes Sitte giebt den Höhern Vortritt.

König Johann.

Wie ist dein Name?

Bastard.

Philipp, mein Fürst: mein Name so beginnt;
Des alten Roberts Ehfrau ältstes Kind.

König Johann.

Führ künftig dessen Namen, dem du gleichst.
Knie du als Philipp, doch steh auf erhöht:
Steh auf, Sir Richard und Plantagenet!

Bastard.

Gebt, mütterlicher Bruder, mir die Hand:
Mein Vater gab denn Ehre, eurer Land.
Gesegnet schienen Sonne oder Sterne,
Als ich erzeugt ward in Sir Roberts Ferne.

Eleonora.

Das wahre Feuer der Plantagenet!
Nennt mich Großmutter, Richard, denn ich bins.

Bastard.

Von ungefähr, nicht förmlich; doch was thuts?
Gehts nicht grad' aus, so sieht man, wie mans macht:
Herein zum Fenster, oder über Graben.
Wer nicht bey Tage gehn darf, schleicht bey Nacht,
Und wie man dran kömmt, haben ist doch haben.
Weit oder nah, gut Schießen bringt Gewinn,
Und ich bin ich, wie ich erzeugt auch bin.

König Johann.

Geh, Faulconbridge! du hast, was du begehrt;
Ein armer Ritter hat dir Gut beschert. —
Kommt, Mutter! Richard, kommt! Wir müssen eilen
Nach Frankreich, Frankreich! denn hier gilt kein weilen.

Bastard.

Bruder leb wohl! das Glück sey dir geneigt!
Du wurdest ja in Ehrbarkeit erzeugt.

(Alle ab außer der Bastard.)

Um einen Schritt zur Ehre besser nun,
Doch schlimmer um viel tausend Schritte Lands.
Ich kann ein Grethchen nun zur Dame machen; —
»Habt guten Tag, Sir Richard!« — »Dank, Gesell!« —
Und wenn er Jürge heißt, nenn' ich ihn Peter:

Denn

Denn neugeschaffner Rang vergißt die Namen,
Es ist zu aufmerksam und zu gesellig
Für die Verwandlung. Dann mein Reisender,
An meiner Gnaden Tisch die Zähne stochernd;
Und ist mein ritterlicher Magen voll,
So saug' ich an den Zähnen, und befrage
Den schmucken Gast um Länder. — »Lieber Herr,«
So auf den Arm mich stützend, fang' ich an,
»Ich möcht' euch bitten,« — das ist Frage nun,
Und dann kommt Antwort wie ein ABC-Buch.
»O Herr,« sagt Antwort, »gänzlich zu Befehl,
»Wie's euch beliebt, zu euren Diensten, Herr,« —
Sagt Frage: Nein, ich, bester Herr, zu euren;«
Und so, eh Antwort weiß, was Frage will,
Bis auf den Dialog in Complimenten,
Und Schwatzen von den Alpen, Apenninen,
Den Pyrenäen und dem Flusse Po,
Zieht es sich bis zur Abendmahlzeit hin.
Das ist hochadliche Gesellschaft nun,
Die strebenden Gemüthern ziemt, wie ich.
Denn der ist nur ein Bastard-Sohn der Zeit,
Der nicht nach Wahrnehmung der Sitte schmeckt:
(Mit oder ohne Beyschmack bin ichs doch)
Und das nicht bloß in Tracht und Lebensart,
In äußerlichem Wesen und Manier;
Nein, auch mit innern Kräften zu bereiten
Süß, süßes Gift für des Zeitalters Gaum.

Will ich dieß schon nicht üben zum Betrug,
So will ichs doch, Betrug zu meiden, lernen:
Mir solls die Stufen der Erhöhung ebnen. —
Wer kommt in solcher Eil? im Reithabit?
Welch eine Fraun-Post? hat sie keinen Mann,
Der sich bequemt, das Horn vor ihr zu blasen?

Lady Faulconbridge und James Gurney treten auf.

O weh! 's ist meine Mutter. — Nun, gute Frau,
Was bringt euch hier so eilig an den Hof?

Lady Faulconbridge.

Wo ist der Schalk, dein Bruder? sag mir, wo?
Der außer Othem meine Ehre hetzt.

Bastard.

Mein Bruder Robert? alten Roberts Sohn?
Colbrand der Riese, der gewalt'ge Mann?
Ist es Sir Roberts Sohn, den ihr so sucht?

Lady Faulconbridge.

Sir Roberts Sohn! Ja, du verwegner Bube,
Sir Roberts Sohn: was höhnest du Sir Robert?
Er ist Sir Roberts Sohn, du bist es auch.

Bastard.

James Gurney, laß ein Weilchen uns allein.

Gurney.

Empfehl mich, guter Philipp.

Bastard.

Philipp? Possen! James,
Hier ist was los, sogleich erfährst du mehr.
(Gurney ab.)

Ich bin Sir Roberts Sohn, des alten, nicht:
Sir Robert konnte seinen Theil an mir
Charfreytags essen und doch Fasten halten.
Sir Robert konnte was; doch — grad' heraus!
Konnt' er mich zeugen? Nein, das konnt' er nicht,
Wir kennen ja sein Machwerk. — Gute Mutter,
Sagt also, wem verdank' ich diese Glieder?
Nie half Sir Robert dieses Bein zu machen.

Lady Faulconbridge.

Verschworst auch du mit deinem Bruder dich,
Der meine Ehr' aus Klugheit schützen sollte?
Was soll dieß Höhnen, ungeschliffner Knecht?

Bastard.

Kein Knecht, ein Ritter, meine gute Mutter;
Ich hab den Ritterschlag, hier auf der Schulter.
Doch, Mutter, ich bin nicht Sir Roberts Sohn,
Sir Robert und mein Erbe gab ich auf,
Nam', ehrliche Geburt, und alles fort:
Drum, gute Mutter, nennt mir meinen Vater!
Ich hoff, ein feiner Mann; wer war es, Mutter?

Lady Faulconbridge.

Hast du dem Namen Faulconbridge entsagt?

Bastard.

Entsagt von Herzen, wie dem Teufel selbst.

Lady Faulconbridge.

Dein Vater war Fürst Richard Löwenherz,
Durch lange heft'ge Zumuthung verführt,
Nahm ich ihn auf in meines Gatten Bett.
Der Himmel mag den Fehltritt mir verzeihn!
Du bist die Frucht vom sträflichen Vergehn,
Dem ich, versucht, nicht konnte wiederstehn.

Bastard.

Beym Sonnenlicht, sollt' ich zur Welt erst kommen
So wünscht' ich keinen bessern Vater mir,
Es giebt auf Erden losgesprochne Sünden,
Und eure ists; ihr fehltet nicht aus Thorheit,
Ihr mußtet dem durchaus eu'r Herz ergeben,
Als Huldigungstribut für mächt'ge Liebe,
Mit dessen Grimm und Stärke ohne Gleichen
Der unerschrockne Leu nicht kämpfen konnte,
Noch Richards Hand sein fürstlich Herz entziehn.
Wer mit Gewalt das Herz dem Löwen raubt,
Gewinnt von einem Weib' es leicht. Ach Mutter!
Von Herzen dank' ich dir für meinen Vater.
Wer sagen darf, daß Übles sey geschehn
Als ich erzeugt ward, soll zur Hölle gehn.
Komm, meine Anverwandten sollst du kennen;
Sie werden sprechen, hättst du Nein gesagt,
Als Richard warb, das wäre Sünd' zu nennen.
Ein Lügner, wer zu widersprechen wagt! (ab)

Zweyter Aufzug.

Erste Szene.

Frankreich. Vor den Mauern von Angers.

Von der einen Seite kommt der Erzherzog von Österreich mit Truppen, von der andern Philipp, König von Frankreich, mit Truppen, Louis, Constanze, Arthur und Gefolge.

Louis.

Gegrüßt vor Angers, tapfrer Österreich! —
Arthur! der große Vorfahr deines Bluts,
Richard, der einst dem Leu'n sein Herz geraubt,
Und heil'ge Krieg' in Palästina focht,
Kam früh ins Grab durch diesen tapfern Herzog:
Und zur Entschädigung für sein Geschlecht,

Ist er auf unser Dringen hergekommen,
Und schwingt die Fahnen, Knabe, für dein Recht,
Um deines unnatürlich schnöden Oheims,
Johanns von England, Anmaßung zu dämpfen.
Umarm' ihn, lieb' ihn, heiß' ihn hier willkommen!

Arthur.

Gott wird euch Löwenherzens Tod verzeihn,
Je mehr ihr seiner Abkunft Leben gebt,
Ihr Recht mit euren Krieges-Flügeln schattend.
Seyd mir bewillkommt mit ohnmächt'ger Hand,
Doch einem Herzen reiner Liebe voll.
Willkommen vor den Thoren Angers, Herzog!

Louis.

Ein edles Kind! Wer stünde dir nicht bey?

Österreich.

Auf deine Wange drück' ich diesen Kuß,
Als Siegel des Vertrages meiner Liebe;
Daß ich zur Heimath niemals kehren will,
Bis Angers, und dein Recht in Frankreich sonst,
Samt jenem bleichen, weißgeschminkten Strand,
Deß Fuß die Flut des Ocean zurückstößt,
Und scheidet seines Eilands Bürger ab;
Bis jenes England, von der See umzäumt,
Dieß Flut-umgebne Bollwerk, sicher stets
Und unbesorgt vor fremden Unternehmen,
Bis jener westlich fernste Winkel dich
Als König grüßt; bis dahin, holder Knabe,
Denk' ich der Heimath nicht und bleib' im Feld.

Constanze.

O nehmt der Mutter, nehmt der Wittwe Dank,
Bis eure starke Hand ihm Stärke leiht,
Zu besserer Vergeltung eurer Liebe!

Österreich.

Den lohnt des Himmels Friede, der sein Schwert
In so gerechtem frommem Kriege zieht.

König Philipp.

Nun gut, ans Werk! Wir richten das Geschütz
Ins Antlitz dieser widersteh'nden Stadt. —
Ruft unsre Häupter in der Kriegskunst her,
Die vortheilhaftsten Stellen zu ersehn. —
Wir wollen lieber hier vor dieser Stadt
Hinstrecken unser königlich Gebein,
In fränkschem Blute bis zum Marktplatz waten,
Als diesem Knaben nicht sie unterwerfen.

Constanze.

Erwartet auf die Botschaft erst Bescheid,
Daß ihr zu rasch mit Blut das Schwert nicht
färbt;
Vielleicht bringt Chatillon das Recht in Frieden
Von England, das wir hier mit Krieg erzwingen,
Dann wird uns jeder Tropfe Bluts gereun,
Den wilde Eil so unbedacht vergoß.

Chatillon tritt auf.

König Philipp.

Ein Wunder, Fürstin! — Sieh, auf deinen Wunsch

Kommt unser Bote Chatillon zurück. —
Was England sagt, sag kürzlich, edler Freyherr!
Wir warten deiner längst: sprich, Chatillon!

Chatillon.

So kehrt von dieser winzigen Belagerung
All eure Macht auf einen größern Kampf.
England, nicht duldend eu'r gerecht Begehren,
Hat sich gewaffnet; widerwärt'ge Winde,
Die mich verzögert, gaben ihm die Zeit,
Mit mir zugleich zu landen seine Schaaren.
Er naht mit schnellen Märschen dieser Stadt,
Die Heersmacht stark, die Krieger voller Muth.
Mit ihm kommt seine Mutter Königin,
Als Ate, die zu Kampf und Blut ihn treibt;
Dann ihre Nichte, Blanka von Castilien,
Ein Bastard vom verstorbnen König auch,
Und aller ungestüme Muth im Land,
Verwegne, rasche, wilde Abentheurer
Mit Mädchenwangen und mit Drachengrimm,
Sie haben all' ihr Erb daheim verkauft,
Stolz ihr Geburtsrecht auf dem Rücken tragend,
Es hier zu wagen auf ein neues Glück.
Kurz, eine bessre Auswahl kühner Herzen,
Als Englands Boden jetzt herübersendet:
Hat nie gewogt auf der geschwollnen Flut,
Zu Harm und Unfug in der Christenheit.

(Man hört Trommeln.)

Die Unterbrechung ihrer groben Trommeln
Kürzt alles weitre ab; sie sind zur Hand,
Zu Unterhandlung oder Kampf: empfangt sie.

König Philipp.

Wie unversehn kommt dieser Heereszug!

Österreich.

Je mehr uns unerwartet, um so mehr
Muß es zum Widerstand den Eifer wecken;
Es steigt der Muth mit der Gelegenheit.
Sie seyn willkommen denn, wir sind bereit.

König Johann, Eleonora, Blanca, der Bastard, Pembroke, treten auf mit Truppen.

König Johann.

Mit Frankreich Frieden, wenn es friedlich uns
Gönnt einzuziehn in unser Erb und Recht!
Wo nicht: so blute Frankreich, und der Friede
Steig auf zum Himmel, während wir, als Gottes
Furchtbares Werkzeug, zücht'gen deren Trotz,
Die seinen Frieden so zum Himmel bannten.

König Philipp.

Mit England Frieden, wenn der Krieg aus Frankreich
Nach England kehrt, in Frieden dort zu leben.
Wir lieben England, und um Englands willen
Bringt unsrer Rüstung Bürd' uns hier in Schweiß.
Dieß unser Werk käm' deiner Sorge zu;

Doch, daß du England liebest, fehlt so viel,
Daß seinen ächten König du verdrängt,
Zerstört die Reih der Abstammung, gehöhnt
Des Staats Unmündigkeit, und an der Krone
Jungfräulich reiner Tugend Raub verübt.
Schau hier das Antlitz deines Bruders Gottfried!
Die Stirn, die Augen sind nach ihm geformt,
Der kleine Auszug hier enthält das Ganze,
Das starb mit Gottfried; und die Hand der Zeit
Wird ihn entfalten zu gleich großer Schrift.
Der Gottfried war der ältre Bruder dir,
Und dieß sein Sohn; England war Gottfrieds Recht,
Und er ist Gottfrieds: in dem Namen Gottes,
Wie kommt es denn, daß du ein König heißest,
Weil lebend Blut in diesen Schläfen wallt,
Der Krone würdig, welche du bewältigt?

König Johann.

Von wem hast du die große Vollmacht, Frankreich,
Zur Rede mich zu stellen auf Artikel?

König Philipp.

Vom höchsten König, der des Guten Trieb
In jeder Brust von mächt'gem Ansehn weckt,
Zu steuern den Verfälschungen des Rechts.
Er machte mich zum Pfleger dieses Knaben,
Aus seiner Vollmacht zeih' ich dich des Unrechts,
Mit seiner Hülfe hoff' ich es zu strafen.

König Johann.

Ach, maße dir kein fremdes Ansehn an.

König Philipp.

Verzeih, es ist um Anmaßung zu dämpfen.

Eleonora.

Wen, Frankreich, zeihest du der Anmaßung?

Constanze.

Dein Sohn hat sich der Herrschaft angemaßt.

Eleonora.

Verwegne! König soll dein Bastard seyn,
Damit du herrschen mögst als Königin.

Constanze.

~~Mein Bett~~ war ~~immer~~ deinem Sohn so treu
Als ~~deines~~ deinem Gatten; dieser Knabe
Gleicht mehr an Zügen seinem Vater Gottfried,
Als du und dein Johann an Sitten euch,
Da ihr einander gleichet, wie ein Tropfe
Dem andern, wie der Teufel seiner Mutter.
Mein Sohn ein Bastard! Denk' ich doch beym
Himmel,
Sein Vater war so ehrlich nicht erzeugt.
Wie könnt' er, da ihr seine Mutter wart?

Eleonora.

Eine gute Mutter, Kind! Schmäht deinen Vater!

Constanze.

Eine gute Großmama, die dich will schmähn!

Österreich.

Still!

Bastard.

Hört den Rufer!

Österreich.

Wer zum Teufel bist du?

Bastard.

Ein Mensch, der Teufelsspiel mit euch will treiben,
Ertappt er euch und euer Fell allein.
Ihr seyd der Hase, wie das Sprichwort geht,
Der todte Löwen keck am Barte zupft.
Pack' ich euch recht, so schwefl' ich euren Pelzrock:
Ja, seht euch vor! Ich thu's fürwahr, ich thu's!

Blanca.

O wie so wohl stand Dem des Leu'n Gewand,
Der dieß Gewand dem Leuen hatt entwandt!

Bastard.

Es liegt so stattlich auf dem Rücken ihm,
Wie auf 'nem Esel des Alcides Kleid. —
Bald, Esel, nehm' ich euch die Last vom Nacken,
Um andres drauf, was besser drückt, zu packen.

Österreich.

Wer packt hier solche Prahlereyen aus,
Die unser Ohr mit leerem Schall betäuben?

König Philipp.

Louis, entscheidet was wir sollen thun.

Louis.

Ihr Narren und Weiber, laßt vom Rechten ab. —
König Johann, die kurze Summ' ist dieß:

England und Irland, Anjou, Touraine, Maine,
Sprech' ich von dir in Arthurs Namen an;
Trittst du sie ab, und legst die Waffen nieder?

König Johann.

Mein Leben eher, — Trotz sey Frankreich, dir!
Vertraue mir dich, Arthur von Bretagne,
Aus treuer Liebe will ich mehr dir geben,
Als Frankreichs feige Hand gewinnen kann.
Ergieb dich, Knabe.

Eleonora.

Komm zur Großmutter, Kind!

Constanze.

Thu's, Kind! geh hin zur Großmama, mein Kind!
Gieb Königreich an Großmama! sie giebt dir
'Ne Kirsche, 'ne Rosine und 'ne Feige:
Die gute Großmama!

Arthur.

Still! gute Mutter!
Ich wollt', ich läge tief in meinem Grab,
Ich bins nicht werth, daß solch ein Lärm entsteht.

Eleonora.

Der arme Jung', er weint, weil seine Mutter
Ihn so beschämt!

Constanze.

Sie thu es oder nicht,
Scham über euch! Nein, der Großmutter Unrecht,
Nicht Beschämung seiner Mutter drängt

In seine armen Augen diese Perlen,
Die als ein Pfand der Himmel nehmen wird.
Ja, der krystallne Schmuck besticht den Himmel
Zu schaffen ihm sein Recht, und Rach' an euch.

Eleonora.

O du Verläumderin von Erd' und Himmel!

Constanze.

O du Verbrecherin an Erd' und Himmel!
Schilt mich Verläumdrin nicht. Du und die Deinen,
Ihr maßet euch der Lehn', Herrschaften, Rechte,
Von diesem unterdrückten Knaben an.
Er ist der Sohn von deinem ältsten Sohn,
In keinem Stück unglücklich als in dir,
Denn heimgesucht um deine Sünden wird
Dieß arme Kind; der Ausspruch des Gebots
Trifft ihn, da er im zweyten Grade nur
Entfernt von deinem Sündenschwangern Schooß.

König Johann.

Wahnwitz, hör endlich auf!

Constanze.

Nur dieses noch.
Er wird nicht bloß geplagt um ihre Sünde,
Gott machte ihre Sünd' und sie zur Plage
Für diesen Nachkömmling, geplagt für sie;
Mit ihr plagt ihn ihr Sohn, ihr Unrecht ist
Sein Unrecht, er der Büttel ihrer Sünden.
Das alles wird in dieses Kinds Person
Bestraft, und bloß um sie: Fluch über sie!

Eleonora.

Du thöricht lästernd Weib! ein letzter Wille
Schließt deinen Sohn von jedem Anspruch aus.

Constanze.

Wer zweifelt dran? Ein Will', ein Weiber-Wille,
Ein böser, tückischer Großmutter-Wille!

König Philipp.

Still, Fürstin! oder mäßigt besser euch.
Schlecht ziemt es diesem Kreise, Beyfall rufen
Zum Mislaut solcher Wiederhohlungen. —
Lad' ein Trompeter auf die Mauern hier
Die Bürger Angers; hören wir, weß Recht
Bey ihnen gilt, ob Arthurs, ob Johanns.

Trompetenstoß. Bürger erscheinen auf den Mauern.

Erster Bürger.

Wer ist es, der uns auf die Mauern ruft.

König Philipp.

Frankreich, für England.

König Johann.

England für sich selbst.
Ihr Männer Angers, mein getreues Volk, —

König Philipp.

Getreue Männer Angers, Arthurs Volk, —
Wir luden euch zu freundlichem Gespräch, —

König Johann.

Zu unserm Vortheil, — darum hört uns erst.

Die Banner Frankreichs, die sich hier genaht
Bis vor das Aug' und Antlitz eurer Stadt,
Sind angerückt euch zur Beschädigung.
Mit Grimm gefüllt ist der Kanonen Bauch,
Sie sind gestellt schon, gegen eure Mauern
Die eiserne Entrüstung auszuspeyn.
Zum blut'gen Angriff alle Vorbereitung,
Und der Franzosen feindlich Thun, bedroht
Die Thore, eurer Stadt geschlossne Augen.
Und, wenn wir nicht genaht, so wären jetzt
Die ruh'nden Steine, die euch rings umgürten,
Durch des Geschützes stürmende Gewalt
Aus ihrem festen Bett von Leim gerissen,
Und die Verwüstung bahnte blut'ger Macht
Den Weg, auf euren Frieden einzubrechen.
Doch auf den Anblick eures ächten Königs,
Der mühsamlich mit manchem schnellen Marsch,
Vor eure Thor ein Gegenheer gebracht,
Um unverletzt die Wangen eurer Stadt
Zu schützen, — siehe da! erstaunt bequemen
Zur Unterredung die Franzosen sich;
Und schießen nun, statt Kugeln, rings in Feuer,
Um eure Mauern sieberhaft zu schütteln,
Nur sanfte Worte, eingehüllt in Dampf,
Um eure Ohren treulos zu bethören.
Traut ihnen dem zufolge, werthe Bürger,
Und laßt uns, euren König, ein, deß Kräfte

Erschöpft

Erschöpft durch dieses Zuges strenge Eil
Herberge heischen im Bezirk der Stadt.

König Philipp.

Wann ich gesprochen, gebt uns beyden Antwort.
Seht hier an meiner Rechten, deren Schutz
Aufs heiligste gelobt ist dessen Recht,
Der sie gefaßt, steht Prinz Plantagenet,
Sohn von dem ältern Bruder dieses Manns,
Und König über ihn und all das seine.
Für dieß zertretne Recht nun treten wir
Im Kriegerzug den Plan vor eurer Stadt,
Wiewohl wir weiter euer Feind nicht sind,
Als Nöthigung gastfreundschaftlichen Eifers
Zur Hülfe dieses unterdrückten Kinds
Uns im Gewissen treibt. Seyd denn gewillt,
Die schuld'ge Pflicht dem, welchem sie gebührt,
Zu leisten, nämlich diesem jungen Prinzen:
Und unsre Waffen, wie ein Bär im Maulkorb,
Drohn scheinbar nur, versiegelnd allen Harm;
Der Stücke Grimm wird auf des Himmels Wolken,
Die unverwundbar, eitel hingewandt;
Mit frohem freyem Rückzug wollen wir,
Die Helm' und Schwerter ohne Beul' und Scharte,
Das muntre Blut nach Hause wieder tragen,
Das wir an eure Stadt zu sprützen kamen,
Und euch mit Weib und Kind in Frieden lassen.
Doch schlagt ihr thöricht dieß Erbieten aus,

So soll nicht eurer grauen Mauern Rund
Vor unsern Kriegesboten euch verbergen,
Wär all dieß Volk von England, und ihr Zeug,
In ihren rauhen Umkreis auch gelegt.
Sagt denn, erkennt uns eure Stadt als Herrn,
Zu Gunsten deß, für den wir es geheischt?
Wie, oder geben wir der Wuth Signal,
Und ziehn durch Blut in unser Eigenthum?

Erster Bürger.

Wir sind dem König Englands unterthan,
Die Stadt bleibt ihm und seinem Recht bewahrt.

König Johann.

Erkennt den König denn, und laßt mich ein.

Erster Bürger.

Wir könnens nicht; wer sich bewährt als König,
Der soll bewährt uns finden: bis dahin
Verrammen wir die Thore aller Welt.

König Johann.

Bewährt die Krone Englands nicht den König?
Genügt das nicht, so bring' ich Zeugen mit,
Aus Englands Stamm an dreyßig tausend Herzen, —

Bastard.

Bastarde und so weiter.

König Johann.

Die mit dem Leben stehn für unser Recht.

König Philipp.

Nicht weniger, noch minder edles Blut —

Bastard.

Auch einige Bastarde.

König Philipp.

Steht hier, der Forderung zu widersprechen.

Erster Bürger.

Bis ausgemacht, weß Recht das würdigste,
Verweigern für den Würdigsten wirs beyden.

König Johann.

Vergebe Gott denn aller Seelen Sünden,
Die heut zu ihrem ew'gen Aufenthalt,
Bevor der Abend thaut, entschweben werden,
Im furchtbarn Zwist um unsers Reiches König!

König Philipp.

Amen! — Zu Pferd, ihr Ritter! zu den Waffen!

Bastard.

Sankt Jörg, der Drachenfresser, der seitdem
Vor unsrer Wirthin Thür zu Pferde sitzt,
Lehr uns nun Streiche — (Zu Österreich.)
Herr, wär' ich zu Haus,
In eurer Höhle, Herr, bei eurer Löwin,
Ich setzt' ein Stierhaupt auf eu'r Löwenfell,
Und macht' euch so zum Unthier.

Österreich.

Still doch, still!

Bastard.

O zittert, denn ihr hört des Leu'n Gebrüll.

König Johann.

Hinauf zur Ebne, wo in bester Ordnung
Wir alle unsre Truppen reihen wollen.

Bastard.

So eilt, des Platzes Vortheil zu gewinnen.

König Philipp zu Louis.

So sey's; und an den andern Hügel heißt
Den Rest sich stellen. — Gott und unser Recht!

(Alle ab.)

Zweyte Szene.

Ebendaselbst.

Getümmel und Schlacht. Dann ein Rückzug. Ein französischer Herold mit Trompetern tritt an die Thore.

Französischer Herold.

Ihr Männer Angers, öffnet weit die Thore,
Laßt Arthur, Herzog von Bretagne, ein,
Der heut durch Frankreichs Hand viel Stoff zu Thränen
Den Müttern Englands schaffte, deren Söhne
Gesäet liegen auf dem blut'gen Grund.
Auch mancher Wittwe Gatte liegt im Staub,

Nun kalt umarmend die verfärbte Erde;
Und Sieg, mit wenigem Verluste, spielt
Auf der Franzosen tanzenden Panieren;
Die triumphirend schon geordnet stehn,
Um einzuziehn, und Arthur von Bretagne
Als Englands Herrn und euren auszurufen.

Ein Englischer Herold mit Trompetern.

Englischer Herold.

Freut euch, ihr Männer Angers! läutet Glocken!
König Johann, Englands und eurer, naht,
Gebieter dieses heißen schlimmen Tags.
Die ausgerückt mit silberheller Wehr,
Sie kehren heim, mit Fränk'schem Blut vergoldet;
Kein Englisch Haupt trug Federn auf dem Helm,
Die eine Lanze Frankreichs weggerissen;
Die Fahnen kehren in denselben Händen,
Die erst beym Auszug sie entfaltet, heim.
Und wie ein muntrer Trupp von Jägern kommen
Die Englischen, die Hände ganz bepurpurt,
Gefärbt vom Morde, der die Feind' entfärbt.
Thut auf die Thor', und gebt den Siegern Raum!

Erster Bürger.

Herolde, von den Thürmen sahn wir wohl
Den Angriff und den Rückzug beyder Heere
Von Anfang bis zu Ende: ihre Gleichheit
Scheint ohne Tadel unserm schärfsten Blick.

Blut kaufte Blut und Streiche galten Streiche,
Macht gegen Macht, und Stärke stand der Stärke.
Sie sind sich gleich, wir beyden gleichgesinnt.
Bis einer überwiegt, bewahren wir
Die Stadt für keinen und für beyde doch.

Von der einen Seite treten auf König Johann mit Truppen, Eleonora, Blanca, und der Bastard; von der andern König Philipp, Louis, Östreich und Truppen.

König Johann.

Frankreich, hast du mehr Blut noch zu vergeuden?
Hat freyen Lauf nun unsers Rechtes Strom?
Er wird gehemmt durch deinen Widerstand
Sein Bett verlassen, und in wilder Bahn
Selbst dein beschränkend Ufer überschwellen,
Wo du sein silbernes Gewässer nicht
In Frieden gleiten läßst zum Ocean.

König Philipp.

England, du spartest keinen Tropfen Blut.
In dieser heißen Prüfung, mehr als Frankreich;
Verlorst eh mehr; und bey der Hand hier schwör' ich,
Die herrscht, so weit sich dieser Himmel streckt;
Wir wollen die gerecht getragnen Waffen
Nicht niederlegen, bis wir dich gestürzt,
Auf den sie zielen; oder wollen sonst
Mit königlicher Zahl die Todten mehren.

Daß dann die Liste von des Kriegs Verlust
Mit Mord beym Namen eines Königs prange.

Bastard.

Ha, Majestät! wie hoch dein Ruhm sich schwingt,
Wenn köstlich Blut in Königen entglüht!
Jetzt stärkt der Tod mit Stahl die hohlen Kiefern,
Der Krieger Schwerter sind ihm Zähn' und Hauer;
So schmaust er nun, der Menschen Fleisch verschlingend,
In unentschiednem Zwist der Könige. —
Was stehn so starr die königlichen Heere?
Ruft Mord, ihr Könige! ins befleckte Feld,
Ihr gleichen Mächte, wild entflammte Geister!
Laßt eines Theiles Fall des andern Frieden
Versichern; bis dahin: Kampf, Blut und Tod!

König Johann.

Auf wessen Seite treten nun die Städter?

König Philipp.

Für England, Bürger, sprecht: wer ist eu'r Herr?

Erster Bürger.

Der König Englands, kennen wir ihn erst.

König Philipp.

Kennt ihn in uns, die wir sein Recht vertreten.

König Johann.

In uns, die wir selbsteigne Vollmacht führen,
Und uns allhier behaupten in Person:
Herr unser selbst, von Angers und von euch.

Erster Bürger.

Dieß weigert eine höh're Macht als wir,
Und bis es ausgemacht, verschließen wir
Den vor'gen Zweifel in gesperrten Thoren,
Von unsrer Furcht beherrscht, bis diese Furcht
Uns ein gewisser Herrscher lös't und bannt.

Bastard.

Bey Gott! dieß Pack von Angers höhnt euch, Fürsten:
Sie stehn auf ihren Zinnen sorglos da,
Wie im Theater gaffen sie und zeigen
Auf euer emsig Schauspiel voller Tod.
Folg' eure königliche Würde mir:
Wie die Empörer von Jerusalem
Seyd Freunde eine Weil, und kehrt vereint
Der Feindschaft ärgste Mittel auf die Stadt.
Von Ost und West laßt Frankreich so wie England
Ihr schmetterndes Geschütz dagegen richten,
Zur Mündung voll geladen; bis zu Boden
Ihr Seel-erschütternd Rufen hat geschrien
Die Kiesel-Rippen dieser kecken Stadt.
Ich wollt' auf dieß Gesindel rastlos zielen,
Bis wehrlos liegende Verheerung sie
So nackend ließ wie die gemeine Luft.
Wenn das geschehn, theilt die vereinte Macht,
Trennt die vermischten Fahnen noch einmal:
Kehrt Stirn an Stirn, und Spitze gegen Spitze.

Dann wird Fortuna sich im Augenblick
Auf Einer Seite ihren Liebling wählen,
Dem sie aus Gunst den Tag verleihen wird,
Und ihn mit einem schönen Siege küssen.
Behagt der wilde Rath euch, mächt'ge Staaten?
Und schmeckt er etwa nach der Politik?

König Johann.

Beym Himmel, der sich wölbt um unsre Häupter!
Mir steht er an. — Sag, Frankreich, sollen wir
Die Macht verbünden, und dieß Angers schleifen,
Dann fechten, wer davon soll König seyn?

Bastard.

Ja, hast du eines Königs Muth, da dich
Wie uns die widerspänst'ge Stadt beleidigt,
So kehre deiner Stücke Mündungen
Mit unsern gegen diese trotz'gen Mauern;
Und wenn wir nun zu Boden sie gesprengt,
Dann fodert euch, und schafft euch auf der Stelle,
Wie's kommen mag, zu Himmel oder Hölle.

König Philipp.

So sey's. — Sagt, wo berennet ihr die Stadt?

König Johann.

Von Westen wollen wir Zerstörung senden
In ihren Busen.

Östreich.

Ich von Norden her.

König Philipp.

Und unser Donner soll sein Kugelschauer
Aus Süden regnen über diese Stadt.

Bastard beyseit.

Von Nord nach Süden — welch ein kluger Fund! —
Schießt Östreich sich und Frankreich in den Mund.
Ich will dazu sie hetzen. — Fort denn, fort!

Erster Bürger.

Verweilt noch, große Fürsten, hört ein Wort,
Und Frieden zeig' ich euch und frohen Bund.
Gewinnt die Stadt doch ohne Wund' und Streich,
Bewahrt die Leben für den Tod im Bette,
Die hier als Opfer kommen in das Feld.
Beharrt nicht, sondern hört mich, mächt'ge Fürsten!

König Johann.

Sprecht! mit Genehmigung; wir hören an.

Erster Bürger.

Dich Tochter da von Spanien, Fräulein Blanca,
Ist England nah verwandt: schaut auf die Jahre
Des Dauphin Louis und der holden Magd.
Wenn muntre Liebe nach der Schönheit geht,
Wo fände sie sie holder als in Blanca?
Wenn ernste Liebe nach der Tugend strebt,
Wo fände sie sie reiner als in Blanca?
Fragt ehrbegier'ge Liebe nach Geburt:
Weß Blut strömt edler als der Fräulein Blanca?

Wie sie, an Tugend, Schönheit und Geburt,
Ist auch der Dauphin allerdings vollkommen.
Wo nicht: o sagt, er ist nicht sie, und ihr
Fehlt wieder nichts, um Mangel doch zu nennen,
Wenn es kein Mangel ist, daß sie nicht er.
Er ist die Hälfte eines sel'gen Manns,
Den eine solche Sie vollenden muß,
Und sie, getheilte holde Trefflichkeit,
Von der in ihm Vollendungsfülle liegt.
O so zwey Silberströme, wenn vereint
Verherrlichen die Ufer, die sie fassen;
Und solche Ufer so vereinter Ströme,
Zwey Gränzgestade, Kön'ge mögt ihr seyn
Den beyden Prinzen, wenn ihr sie vermählt.
Der Bund wird an den festverschlossnen Thoren
Mehr thun als Stürmen: denn auf diese Heirath
Thut plötzlicher als Pulver sprengen kann
Der Durchgang Mündung angelweit sich auf,
Euch einzulassen! aber ohne sie
Ist die empörte See nicht halb so taub,
Nicht Löwen unerschrockner, Berg' und Felsen
Nicht unbeweglicher, ja selbst der Tod
In grauser Wuth nicht halb so fest entschieden,
Als wir, die Stadt zu halten.

Bastard.

Das ist ein Keil!
Der schüttelt euch des alten Tods Geripp

Aus seinen Lumpen! Traun, ein großes Maul,
Das Tod ausspeyt, und Berge, Felsen, See'n;
Das so vertraut von grimmen Löwen spricht,
Wie von dem Schoßhund dreyzehnjähr'ge Mädchen.
Hat den Gesell'n ein Kanonier erzeugt?
Er spricht Kanonen, Feuer, Dampf und Knall,
Er giebt mit seiner Zunge Bastonaden,
Das Ohr wird ausgeprügelt; jedes Wort
Pufft kräftiger als eine Fränk'sche Faust.
Blitz! ich bin nie mit Worten so gewalkt,
Seit ich des Bruders Vater Tatte nannte.

Eleonora.

Sohn, horch auf diesen Vorschlag, schließ die Heirath,
Gieb unsrer Nichte würd'gen Brautschatz mit:
Denn dieses Band verspricht so sicher dir
Den widersprochnen Anspruch auf die Krone,
Daß dort dem Knaben Sonne fehlen wird,
Die Blüthe bis zur mächt'gen Frucht zu reifen.
Ich sehe Willfahrung in Frankreichs Blicken;
Sieh, wie sie flüstern, dring' in sie, derweil
Die Seelen dieser Ehrsucht fähig sind;
Daß nicht der Eifer, durch den Hauch geschmelzt
Von sanften Bitten, Mitleid und Geduld,
Zu seiner vor'gen Härt' aufs neu erstarrt.

Erster Bürger.

Warum erwiedern nicht die Majestäten
Den Freundes-Vorschlag der bedrohten Stadt?

König Philipp.

Red' England erst, das erst sich hingewandt
Zu dieser Stadt zu reden. — Was sagt ihr?

König Johann.

Kann dein erlauchter Sohn, der Dauphin dort,
»Ich lieb',« in diesem Buch der Schönheit lesen,
So wägt ihr Brautschatz Königinnen auf;
Denn Anjou soll, samt Poictiers, Touraine, Maine,
Und allem, was wir nur diesseit des Meers,
Bis auf die jetzt von uns berennte Stadt,
An unsre Kron und Herrschaft pflichtig finden,
Das Brautbett ihr vergülden, und sie reich
An Titeln, Ehren und Gewalten machen,
Wie sie an Reiz, Erziehung und Geburt
Sich neben jegliche Prinzessin stellt.

König Philipp.

Was sagst du? Sohn? Schau in des Fräuleins Antliz.

Louis.

Ich thu's, mein Fürst, und find' in ihrem Auge
Ein Wunder, das mich in Verwunderung setzt:
Den Schatten von mir selbst in ihrem Auge,
Der, da er nur der Schatten eures Sohns,
Zur Sonne wird, und macht den Sohn zum Schatten.
Ich schwör' euch zu, ich liebte niemals mich,
Bis ich mich selber eingefaßt hier sah,
Gemahlt im holden Spiegel ihrer Augen.

Bastard.

Gemahlt im holden Spiegel ihrer Augen!
Gehängt in finstern Runzeln ihrer Stirn!
Ihr Herz mag wohl ihm zum Begräbniß taugen,
Er wird vor Liebe sich zu Tode girr'n
Doch schade, daß in solcher Liebsten Himmel,
Gehängt, begraben, eingeht solch ein Lümmel!

Blanca.

Des Oheims Will' in diesem Stück ist meiner.
Sieht er etwas in euch, das ihm gefällt,
So kann ich leicht dieß etwas, das er sieht,
In meinen Willen übertragen; oder
Um richtiger zu reden, wenn ihr wollt,
Will ich es meiner Liebe gern empfehlen.
Nicht weiter schmeicheln will ich euch, mein Prinz,
Daß, was ich seh' an euch, der Liebe werth,
Als so: daß ich an euch nichts sehen kann,
(Wenn selbst die Misgunst euer Richter wär)
Was irgend Haß mir zu verdienen schiene.

König Johann.

Was sagt das junge Paar? was sagt ihr, Nichte?

Blanca.

Daß Ehre sie verpflichtet, stets zu thun,
Was eure Weisheit stets geruht zu sagen.

König Philipp.

So sprecht denn, Prinz: könnt ihr dieß Fräulein
lieben?

Louis.

Nein, fragt, ob ich mich kann der Lieb' erwehren,
Denn unverstellten Herzens lieb' ich sie.

König Johann.

Dann geb' ich dir Volquessen, Touraine, Maine,
Poictiers und Anjou, diese fünf Provinzen,
Mit ihr zugleich, und diese Zuthat noch,
Baar dreyßigtausend Mark Engländisch Geld.
Philipp von Frankreich, wenn es dir gefällt,
Heiß deinen Sohn und Tochter Hände fügen.

König Philipp.

Es sey! Vereint die Hände junge Prinzen.

Österreich.

Die Lippen auch; denn das versprech' ich euch,
Ich macht' es so, als ich versprochen ward.

König Philipp.

Nun, Anger's Bürger, öffnet eure Thore,
Und laßt die Freundschaft ein, die ihr gestiftet.
Denn in Marie'n Kapelle wollen wir
Sogleich die Bräuche der Vermählung feyern. —
Ist Frau Constanze nicht in dieser Schaar?
Gewißlich nicht; denn die geschloßne Heirath
Hätt' ihre Gegenwart sonst sehr gestört.
Wo ist sie und ihr Sohn? sagt, wer es weiß!

Louis.

Sie ist voll Gram in eurer Hoheit Zelt.

König Philipp.

Und, auf mein Wort, der Bund, den wir geschlossen,
Wird ihrem Grame wenig Lindrung geben. —
Bruder von England, wie befried'gen wir
Die Fürstin Wittwe? Ihrem Recht zu lieb
Sind wir gekommen, welches wir, Gott weiß,
Auf andern Weg gelenkt zu eignem Vortheil.

König Johann.

Wir machen alles gut: den jungen Arthur
Ernennen wir zum Herzog von Bretagne
Und Graf von Richmond, machen ihn zum Herrn
Von dieser reichen Stadt. — Ruft Frau Constanze,
Ein eil'ger Bote heiße sie erscheinen
Bey unsrer Feyrlichkeit. — Wir werden, hoff' ich,
Wo nicht erfüllen ihres Willens Maß,
Doch in gewissem Maß ihr so genugthun,
Daß wir ihr Schreyn dagegen hemmen werden.
Gehn wir, so gut die Eil es uns erlaubt,
Zu diesem unverseh'nen Feyerzug.

(Alle außer der Bastard ab. Die Bürger ziehen sich von den Mauern zurück.)

Bastard.

O Welt! o tolle Fürsten! tolles Bündniß!
Johann, um Arthurs Anspruch an das Ganze
Zu hemmen, hat ein Theil davon ertheilt;
Und Frankreich, dem Gewissen selbst den Harnisch

Hat

Hat angeschnallt, den Christenlieb' und Eifer
Wie Gottes eignen Krieger trieb ins Feld:
Auf Eingebungen von dem schlauen Teufel,
Dem großen Vorsatz-Änderer, dem Mäkler,
Stets mäkelnd an der Treu, dem täglichen
Eidbrecher, der von Allen was gewinnt,
Von Kön'gen, Bettlern, Alten, Jungen, Mägden, —
Die er, wenn sie nichts äußres zu verlieren,
Als das Wort Magd, um dieß die Armen trügt, —
Der glatte Herr, der Schmeichler Eigennutz, —
Ja Eigennutz, der Nebenhang der Welt,
Der Welt, die gleich gewogen ist an sich,
Auf ebnem Boden grade hin zu rollen;
Bis dieser Vortheil, dieser schnöde Hang,
Der Lenker der Bewegung, Eigennutz,
Sie abwärts neigt von allem Gleichgewicht,
Von aller Richtung, Vorsatz, Lauf und Ziel;
Und dieser Hang nun, dieser Eigennutz,
Dieß allverwandelnde Vermittler-Wort,
Aufs Aug gelegt dem wankelmüth'gen Frankreich,
Zieht ihn von seiner selbstverlieh'nen Hülfe,
Von einem wackern ehrenvollen Krieg,
Zu einem schnöden, schlecht geschloßnen Frieden. —
Und warum schelt' ich auf den Eigennutz?
Doch nur, weil er bis jetzt nicht um mich warb.
Nicht als ob meine Hand nicht greifen könnte,

Wenn seine schönen Engel sie begrüßten;
Nein, sondern weil die Hand, noch unversucht,
Dem armen Bettler gleich, den Reichen schilt.
Gut, weil ich noch ein Bettler, will ich schelten,
Und sagen, Reichthum sey die einz'ge Sünde.
Und bin ich reich, spricht meine Tugend frey,
Kein Laster geb' es außer Betteley.
Bricht Eigennutz in Königen die Treu,
So sey mein Gott, Gewinn, und steh mir bei!

(ab.)

Dritter Aufzug.

Erste Szene.

Das Zelt des Königs von Frankreich.

Constanze, Arthur und Salisbury treten auf.

Constanze.

So sich vermählt! den Frieden so geschworen!
Falsch Blut vereint mit falschem! Freunde nun!
Soll Louis Blanca haben? sie die Länder?
Es ist nicht so: du hast verredt, verhört;
Besinne dich, sag den Bericht noch 'mal.
Es kann nicht seyn; du sagst nur, daß es ist:
Ich traue drauf, daß nicht zu traun dir steht,
Dein Wort ist eines Menschen eitler Odem.
Ja, glaube, daß ich dir nicht glaube, Mann,

Ich hab' dawider eines Königs Eid.
Man soll dich strafen, daß du mich erschreckt:
Denn ich bin krank, empfänglich für die Furcht,
Von Leid bedrängt und also voller Furcht,
Bin Witwe, gattenlos, ein Raub der Furcht.
Ein Weib, gebohren von Natur zur Furcht;
Und ob du nun bekennst, du scherztest nur,
Kommt doch kein Fried' in die verstörten Geister,
Daß sie nicht bebten diesen ganzen Tag.
Was meynst du mit dem Schütteln deines Kopfes?
Was blickst du so betrübt auf meinen Sohn?
Was meynt die Hand auf dieser deiner Brust?
Weswegen hält dein Auge diese Salzflut,
Gleich einem Strom, der stolz dem Bett' entschwillt?
Sind diese Zeichen deines Worts Betheurer?
So sprich! Nicht ganz den vorigen Bericht,
Dieß Wort nur, ob es wahr ist oder nicht.

Salisbury.

So wahr, wie ihr gewiß für falsch die haltet,
Die Schuld sind, daß ihr wahr mein Wort erfindet.

Constanze.

O, lehrst du mich, zu glauben dieses Leid,
So lehr du dieses Leid, mich umzubringen,
Laß Glauben sich und Leben so begegnen,
Wie zwey verzweiflungsvoller Menschen Wuth,

Die im Moment des Treffens fall'n und sterben. —
Louis vermählt mit Blanca! O Kind, wo bist du?
Frankreich mit England Freund! Was wird aus mir?
Fort, Mensch! Ich kann dein Ansehn nicht ertragen;
Wie häßlich hat die Zeitung dich gemacht!

Salisbury.

Was that ich denn für Harm euch, gute Fürstin,
Als daß ich sprach vom Harm, den Andre thun?

Constanze.

Der Harm ist so gehäßig in sich selbst,
Daß, wer davon nur spricht, nicht harmlos bleibt.

Arthur.

Beruhigt euch, ich bitte, liebe Mutter.

Constanze.

Wärst du, der mich beruhigt will, abscheulich,
Häßlich und schändend für der Mutter Schooß,
Voll widerwärt'ger Flecke, garst'ger Makeln,
Lahm, albern, bucklicht, misgebohren, schwarz,
Mit ekelhaften Mälern ganz bedeckt;
Dann fragt' ich nichts danach, dann wär' ich ruhig,
Dann würd' ich dich nicht lieben, nein, und du
Wärst nicht des großen Stamms, der Krone werth.
Doch du bist schön, dich schmückten, lieber Knabe,
Natur und Glück vereint bey der Geburt.

Von Gaben der Natur prangst du mit Lilien
Und jungen Rosen; doch Fortuna — o!
Sie ist verführt, verwandelt, dir entwandt.
Sie buhlt mit deinem Oheim stündlich, hat
Mit goldner Hand Frankreich herbeygerissen,
Der Herrschaft Huldigung in Grund zu treten,
Daß seine Majestät ihr Kuppler wird.
Er ist Fortuna's Kuppler und Johanns,
Der Buhlerin, mit ihm dem Kronenräuber. —
Sag mir, du Mann, ist Frankreich nicht meineidig?
Vergift' ihn mir mit Worten, oder geh,
Und laß dieß Weh allein, das ich allein
Zu tragen bin bestimmt.

Salisbury.

Verzeiht mir, Fürstin,
Ich darf ohn' euch nicht zu den Kön'gen gehn.

Constanze.

Du darfst, du sollst, ich will nicht mit dir gehn.
Ich will mein Leiden lehren stolz zu seyn,
Denn Gram ist stolz, er beugt den Eigner tief.
Um mich und meines großen Grames Staat
Laßt Kön'ge sich versammeln; denn so groß
Ist er, daß nur die weite feste Erde
Ihn stützen kann; den Thron will ich besteigen,
Ich und mein Leid; hier laßt sich Kön'ge neigen.

(Sie wirft sich auf den Boden.)

König Johann, König Philipp, Louis, Blanca, Eleonora, der Bastard, Österreich und Gefolge treten auf.

König Philipp.

Ja, holde Tochter: diesen Segenstag
Soll man in Frankreich festlich stets begehn.
Um diesen Tag zu feyern, hemmt den Lauf
Die hehre Sonn', und spielt den Alchimisten,
Verwandelnd mit des kostbarn Auges Glanz
Die magre leim'ge Erd' in blinkend Gold.
Der Jahres-Umlauf, der ihn wiederbringt,
Soll ihn nicht anders sehn als Feyertag. —

Constanze aufstehend.

Ein Sündentag und nicht ein Feyertag! —
Was hat der Tag verdient und was gethan,
Daß er mit goldnen Lettern im Kalender
Als eins der hohen Feste sollte stehn?
Nein, stoßt ihn aus der Woche lieber aus,
Den Tag der Schmach, Bedrückung und des Meineids,
Und bleibt er stehn, laßt schwangre Weiber beten,
Nicht auf den Tag der Bürde frey zu werden,
Daß keine Misgeburt die Hoffnung täusche;
Der Seemann fürcht' an keinem sonst den Schiffbruch,
Kein Handel brech', als der an ihm geschlossen;

Was dieser Tag beginnt, schlag' übel aus,
Ja Treue selbst verkehr' in Falschheit sich!

König Philipp.

Beym Himmel, Fürstin, ihr habt keinen Grund,
Dem schönen Vorgang dieses Tags zu fluchen.
Setzt' ich euch nicht die Majestät zum Pfand?

Constanze.

Ihr troget mich mit einem Afterbild,
Das glich der Majestät: allein berührt, geprüft,
Zeigt es sich ohne Werth; ihr seyd meineidig,
Ihr wolltet meiner Feinde Blut vergießen,
Und nun vermischt ihr eures mit dem ihren.
Die heft'ge Kraft, das wilde Drohn des Krieges,
Kühlt sich in Freundschaft und geschminktem Frieden,
Und unsre Unterdrückung schloß den Bund.
Straf, Himmel, straf die eidvergeßnen Kön'ge!
Hör eine Witwe, sey mir Gatte, Himmel!
Laß nicht die Stunden dieses sünd'gen Tags
In Frieden hingehn; eh die Sonne sinkt,
Entzweye diese Eidvergeßnen Kön'ge!
Hör mich, o hör mich!

Östreich.

Frau Constanze, Friede!

Constanze.

Krieg! Krieg! kein Friede! Fried' ist mir ein Krieg.
O Östreich! o Limoges! du beschämst

Den blut'gen Raub: du Knecht, du Schalk, du
Memme!
Du klein an Thaten, groß an Büberey!
Du immer stark nur auf der stärkern Seite!
Fortuna's Ritter, der nie ficht, als wenn
Die launenhafte Dame bey ihm steht
Und für ihn sorgt! Auch du bist Eidvergessen,
Und dienst der Größe. Welch ein Narr bist du,
Ein kecker Narr, zu prahlen, stampfen, schwören
Für meine Sache! Du kaltblüt'ger Sklav,
Hast du für mich wie Donner nicht geredet?
Mir Schutz geschworen? mich vertrauen heißen
Auf dein Gestirn, dein Glück und deine Kraft?
Und fällst du nun zu meinen Feinden ab?
Du in der Haut des Löwen? Weg damit,
Und häng' ein Kalbsfell um die schnöden Glieder!

Österreich.

O daß ein Mann zu mir die Worte spräche!

Bastard.

Und häng' ein Kalbsfell um die schnöden Glieder.

Österreich.

Ja, untersteh dich das zu sagen, Schurk.

Bastard.

Und häng' ein Kalbsfell um die schnöden Glieder.

König Johann.

Wir mögen dieß nicht, du vergißst dich selbst.

Pandulpho tritt auf.

König Philipp.

Hier kommt der heilige Legat des Pabstes.

Pandulpho.

Heil euch, gesalbte Stellvertreter Gottes!
König Johann, dir gilt die heil'ge Botschaft.
Ich Pandulph, Cardinal des schönen Mailand,
Und von Pabst Innocenz Legat allhier,
Frag' auf Gewissen dich in seinem Namen,
Warum du unsre heil'ge Mutter Kirche
So störrig niedertrittst, und Stephan Langton,
Erwählten Erzbischof von Canterbury,
Gewaltsam abhältst von dem heil'gen Stuhl?
In des genannten heil'gen Vaters Namen,
Pabst Innocenz, befrag' ich dich hierum!

König Johann.

Welch ird'scher Name kann wohl zum Verhör
Geweihter Kön'ge freyen Odem zwingen?
Kein Nam' ist zu ersinnen, Cardinal,
So leer, unwürdig und so lächerlich,
Mir Antwort abzufodern, als der Pabst.
Sag den Bericht ihm; und aus Englands Mund
Füg' dieß hinzu noch: daß kein Welscher Priester
In unserm Reich verzehnten soll und zinsen.
Wie nächst dem Himmel wir das höchste Haupt,
So wollen wir auch diese Oberhoheit

Nächst ihm allein verwalten, wo wir herrschen,
Ohn' allen Beystand einer ird'schen Hand.
Das sagt dem Pabst, die Scheu bey Seit gesetzt
Vor ihm und seinem angemaßten Ansehn.

König Philipp.

Bruder von England, damit lästert ihr.

König Johann.

Ob alle Könige der Christenheit
Der schlaue Pfaff so gröblich irre führt,
Daß ihr den Fluch, den Geld kann lösen, scheut,
Und um den Preis von schnödem Gold, Koth,
Staub,
Verfälschten Ablaß kauft von einem Mann,
Der mit dem Handel ihn für sich verscherzt;
Ob ihr und alle, gröblich misgeleitet,
Die heil'ge Gaunerey mit Pfründen hegt,
Will ich allein, allein, den Pabst nicht kennen,
Und seine Freunde meine Feinde nennen.

Pandulpho.

Dann durch die Macht, die mir das Recht ertheilt,
Bist du verflucht und in den Bann gethan.
Gesegnet soll der seyn, der los sich sagt
Von seiner Treue gegen einen Ketzer;
Und jede Hand soll man verdienstlich heißen,
Kanonisiren und gleich Heil'gen ehren,
Die durch geheime Mittel aus den Weg
Dein feindlich Leben räumt.

Constanze.

O sey's erlaubt
Daß ich mit Rom mag eine Weile fluchen!
Ruf' Amen, guter Vater Cardinal,
Zu meinem Fluch; denn außer meinem Unrecht
Giebt nichts der Zunge Macht, ihm recht zu fluchen.

Pandulpho.

Mein Fluch gilt durch Gesetz und Vollmacht, Fürstin.

Constanze.

Und meiner auch: schafft das Gesetz kein Recht,
So sey's gesetzlich, nicht dem Unrecht wehren.
Mein Kind erlangt sein Reich nicht vom Gesetz,
Denn, der sein Reich hat, bindet das Gesetz.
Weil das Gesetz denn höchstes Unrecht ist,
Verbiet' es meiner Zunge nicht zu fluchen.

Pandulpho.

Philipp von Frankreich, auf Gefahr des Fluchs
Laß fahren dieses argen Ketzers Hand,
Und Frankreichs Macht entbiete wider ihn,
Wenn er nicht selber Rom sich unterwirft.

Eleonora.

Wirst du blaß, Frankreich? Zieh die Hand nicht weg.

Constanze.

Gieb, Teufel, Acht, daß Frankreich nicht bereut!
Der Hände Trennung raubt dir eine Seele.

Österreich.

Hört auf den Cardinal doch, König Philipp.

Bastard.

Hängt ihm ein Kalbsfell um die schnöden Glieder.

Österreich.

Gut, Schurk, ich muß dieß in die Tasche stecken,
Weil —

Bastard.

Eure Hosen weit genug dazu.

König Johann.

Philipp, was sprichst du zu dem Cardinal?

Constanze.

Wie spräch' er anders als der Cardinal?

Louis.

Bedenkt euch, Vater, denn der Unterschied
Ist, hier Gewinn des schweren Fluchs von Rom,
Dort nur Verlust von Englands leichter Freund=
schaft.
Wagt das Geringre denn.

Blanca.

Das ist Roms Fluch.

Constanze.

O Louis, steh! Der Teufel lockt dich hier
In einer jungen schmucken Braut Gestalt.

Blanca.

Constanze spricht nach Treu und Glauben nicht,
Sie spricht nach ihrer Noth.

Constanze.

Giebst du die Noth mir zu,
Die einzig lebt weil Treu und Glauben starb,
So muß die Noth nothwendig dieß erweisen,
Daß Treu und Glauben auflebt, wenn sie stirbt.
Tritt nieder meine Noth und Treue steigt;
Halt aufrecht sie und Treue wird zertreten.

König Johann.

Der König steht betreten, ohne Antwort.

Constanze.

O tritt zurück von ihm! antworte gut!

Österreich.

Thu's, König Philipp, häng nicht nach dem Zweifel.

Bastard.

Häng nur ein Kalbsfell, schönster dummer Teufel.

König Philipp.

Ich bin verwirrt, und weiß nicht was zu sagen.

Pandulpho.

Was du auch sagst, es wird dich mehr verwirren,
Wenn du verflucht wirst und in Bann gethan.

König Philipp.

Setzt euch an meine Stell', ehrwürd'ger Vater,
Und sagt mir, wie ihr euch betragen würdet.
Die königliche Hand und meine hier
Sind neu verknüpft, die innersten Gemüther
Vermählt zum Bund, verschlungen und umkettet

Von aller frommen Kraft geweihter Schwüre.
Der letzte Hauch, der Ton den Worten gab,
War fest geschworne Treue, Fried' und Freund-
schaft
Für unser Beyder Reich und hohes Selbst.
Und eben vor dem Stillstand, kurz zuvor, —
So lang', daß wir die Hände waschen konnten,
Um auf den Friedenshandel einzuschlagen, —
Der Himmel weiß es, waren sie betüncht
Von des Gemetzels Pinsel, wo die Rache
Den furchtbarn Zwist erzürnter Kön'ge mahlte,
Und diese Hände, kaum von Blut gereinigt,
In Liebe neu vereint, in beydem stark,
Sie sollen lösen Druck und Freundes-Gruß?
Die Treu verspielen? mit dem Himmel scherzen?
So wankelmüth'ge Kinder aus uns machen,
Nun wiederum zu reißen Hand aus Hand,
Uns loszuschwören von geschworner Treu,
Und auf des holden Friedens Ehebett
Mit blut'gem Heer zu treten, einen Aufruhr
Zu stiften auf der ebnen milden Stirn
Der graden Offenheit? O heil'ger Herr!
Ehrwürd'ger Vater! laßt es so nicht seyn.
In eurer Huld ersinnt, beschließt, verhängt
Gelindre Anordnung, so wollen wir
Euch froh zu Willen seyn und Freunde bleiben.

Pandulpho.

Unordentlich ist jede Anordnung,

Die gegen Englands Liebe nicht gekehrt.
Drum zu den Waffen! sey der Kirche Streiter!
Sonst werfe ihren Fluch die Mutter Kirche,
Der Mutter Fluch, auf den empörten Sohn.
Frankreich, du kannst die Schlange bei der Zunge,
Den Leu'n im Käfig bei der furchtbarn Tatze,
Beym Zahn den gier'gen Tiger sichrer halten,
Als diese Hand in Frieden, die du hältst.

König Philipp.

Ich kann die Hand, doch nicht die Treue lösen.

Pandulpho.

So machst du Treu zum Feinde deiner Treu.
Du stellst, wie Bürgerkrieg, Eid gegen Eid,
Und deine Zunge gegen deine Zunge.
O daß dein Schwur dem Himmel erst gethan,
Dem Himmel auch zuerst geleistet werde!
Er lautet: Streiter unsrer Kirche seyn.
Was du seitdem beschworst, ist wider dich,
Und kann nicht von dir selbst geleistet werden.
Wenn du verkehrt zu thun geschworen hast,
Ists nicht verkehrt, wenn du das Rechte thust,
Und wo das Thun zum Übel zielt, da wird
Durch Nichtthun Recht am besten ausgeübt.
Das beste Mittel bey verfehltem Vorsatz
Ist ihn verfehlen: ist das ungerade,
So wird dadurch doch ungerades grade,
Und Falschheit, heilet Falschheit, wie das Feuer

In

In den versengten Adern Feuer kühlt.
Religion ists, was den Eid macht halten,
Doch du schworst gegen die Religion:
Wobey du schwörst, dawider schwörest du.
So machst du Eid zum Zeugen wider Eid
Für deine Treu, da Treue, die nicht sicher
Des Schwures ist, nur schwört nicht falsch zu
schwören.
Welch ein Gespötte wäre Schwören sonst?
Du aber schwörst, meineidig nur zu seyn,
Meineidig, wenn du hältst, was du beschworst.
Die spätern Eide gegen deine frühern
Sind drum in dir Empörung wider dich;
Und keinen bessern Sieg kannst du erlangen,
Als wenn du dein standhaftes edles Theil
Bewaffnest wider diese lose Lockung;
Für welches Beßre wir Gebete thun,
Wenn du sie würdig hältst: wo nicht, so wisse
Daß unsrer Flüche Drohn dich trifft, so schwer,
Daß du sie nie sollst von dir schütteln; nein,
Verzweifelnd sterben unter schwarzer Last.

Östreich.

Empörung! ja Empörung!

Bastard.

Immer noch?
Wird denn kein Kalbsfell deinen Mund dir stopfen?

Louis.

Auf, Vater! Krieg!

Blanca.

An deinem Hochzeittag,
Und gegen das mit dir vermählte Blut?
Wie? sollen unser Fest Erschlagne feyern?
Soll schmetternde Trompet' und laute Trommel,
Der Hölle Lärm, begleiten unsern Zug?
O Gatte, hör mich! — ach, wie neu ist Gatte
In meinem Munde! — um des Namens willen,
Den meine Zunge niemals sprach bis jetzt,
Bitt' ich auf meinen Knie'n, ergreif die Waffen
Nicht gegen meinen Oheim.

Constanze.

O auf meinen Knie'n,
Vom Knieen abgehärtet, bitt' ich dich,
Du tugendhafter Dauphin, ändre nicht
Den Ausspruch, den der Himmel hat verhängt.

Blanca.

Nun werd' ich deine Liebe sehn: was kann
Dich stärker rühren als der Name Weib?

Constanze.

Was deine Stütze stützet: seine Ehre.
O deine Ehre, Louis, deine Ehre!

Louis.

Wie scheint doch eure Majestät so kalt,
Da sie so hohe Rücksicht treibt zu handeln?

Pandulpho.

Ich will den Fluch verkünden auf sein Haupt.

König Philipp.

Du brauchst nicht. — England, ich verlasse dich.

Constanze.

O schöne Rückkehr ächter Fürstlichkeit!

Eleonora.

O schnöder Abfall fränk'scher Flüchtigkeit!

König Johann.

Frankreich, dich reut die Stund', eh sie vorbey.

Bastard.

Der alte Glöckner Zeit, der kahle Küster,
Beliebts ihm? Gut, so reut es Frankreichs Sinn.

Blanca.

Die Sonn' ist blutig: schöner Tag, fahr hin!
Mit welcher der Parteyen soll ich gehn?
Mit beyden; jedes Heer hat eine Hand,
Und ihre Wuth, da ich sie beyde halte,
Reißt aus einander und zerstückt mich Arme.
Gemahl, ich kann nicht flehn, daß du gewinnst;
Oheim, ich muß wohl flehn, daß du verlierst;
Vater, ich kann nicht wünschen für dein Glück;
Großmutter, deine Wünsche wünsch' ich nicht:
Wer auch gewinnt, ich habe stets Verlust,
Er ist mir sicher, eh das Spiel beginnt.

Louis.

Bey mir, Prinzessin, ist dein Glück und Hort.

Blanca.

Wenn hier mein Glück lebt, stirbt mein Leben dort.

König Johann.

Geht, Vetter, zieht zusammen unsre Macht. —

(Bastard ab.)

Frankreich, mein Innres zehrt entbrannter Zorn,
Ein Wüthen, dessen Hitze solcher Art,
Daß nichts vermag zu stillen, nichts als Blut,
Das Blut, das kostbarste, das Frankreich hegt.

König Philipp.

Die Wuth soll dich verzehren, und du wirst
Zu Asch', eh unser Blut das Feuer löscht.
Sieh nun dich vor! Ich mache dir zu schaffen. —

König Johann.

Und ich dem Droher auch. — Fort, zu den Waffen!

(Alle ab.)

Zweyte Szene.

Ebene bey Angers.

Getümmel, Angriffe. Der Bastard tritt auf mit Österreichs Kopf.

Bastard.

Bey meinem Leben, dieser Tag wird heiß,
Ein böser Luftgeist schwebt am Firmament,

Und schleudert Unheil. Östreichs Kopf, lieg da,
Derweil noch Philipp athmet.

König Johann, Arthur und Hubert treten auf.

König Johann.

Hubert, bewahr den Knaben. — Philipp, auf!
Denn meine Mutter wird in unserm Zelt
Bestürmt, und ist gefangen, wie ich fürchte.

Bastard.

Ich habe sie gerettet, gnäd'ger Herr,
Sie ist in Sicherheit, befürchtet nichts.
Doch immer zu, mein Fürst! denn kleine Müh
Bringt dieses Werk nun zum beglückten Schluß.

(Alle ab.)

Dritte Szene.

Ebendaselbst.

Getümmel, Angriffe, ein Rückzug. König Johann, Eleonora, Arthur, der Bastard, Hubert und Edelleute.

König Johann zu Eleonora.

So sey es: eure Hoheit bleibt zurück,
So stark beschützt. — Sieh doch nicht traurig,
Vetter;

Großmutter liebt dich, und dein Oheim wird
So werth dich halten, als dein Vater that.

Arthur.

O dieser Gram wird meine Mutter tödten!

König Johann zum Bastard.

Ihr, Vetter, fort nach England! eilt voran,
Und eh wir kommen, schüttle du die Säcke
Aufhäufender Prälaten; setz' in Freyheit
Gefangne Engel: denn die fetten Rippen
Des Friedens müssen jetzt den Hunger speisen.

Bastard.

Buch, Glock' und Kerze sollen mich nicht schrecken,
Wenn Gold und Silber mir zu kommen winkt.
Ich lasse eure Hoheit; — ich will beten,
Großmutter, wenn mirs einfällt, fromm zu seyn,
Für euer werthes Heil: so küss' ich euch die Hand.

Eleonora.

Lebt wohl, mein lieber Vetter.

König Johann.

Lebe wohl.

(Bastard ab.)

Eleonora.

Komm zu mir, kleiner Enkel! hör' ein Wort!

(Sie nimmt Arthur beyseit.)

König Johann.

Komm zu mir, Hubert. — O mein bester Hubert!
Wir sind in deiner Schuld: dieß Haus von Fleisch

Hegt eine Seele, die dich Gläub'ger achtet,
Und deine Liebe will mit Wucher zahlen.
Und dein freywill'ger Eid, mein guter Hubert,
Lebt sorgsamlich gepflegt in dieser Brust.
Gieb mir die Hand. Ich hätte was zu sagen,
Allein ich spar's auf eine beßre Zeit.
Beym Himmel, Hubert, fast muß ich mich schämen
Zu sagen, wie du lieb und werth mir bist.

Hubert.

Gar sehr verpflichtet eurer Majestät.

König Johann.

Noch, Freund, hast du nicht Ursach, das zu sagen,
Doch du bekömmst sie; wie die Zeit auch schleicht,
So kömmt sie doch für mich, dir wohlzuthun.
Ich hatte was zu sagen, — doch es sey:
Die Sonn' ist droben, und der stolze Tag
Umringt von den Ergötzungen der Welt,
Ist allzu üppig und zu bunt geputzt,
Um mir Gehör zu geben. — Wenn die Glocke
Der Mitternacht mit ihrer ehrnen Zunge
Der Nacht zum trägen Laufe vorwärts rief;
Wenn dieß ein Kirchhof wäre, wo wir stehn,
Und du von tausend Kränkungen bedrückt;
Und wenn der düstre Geist, Melancholie,
Dein Blut gedörrt, es schwer und dick gemacht,
Das sonst mit Kitzeln durch die Adern läuft,
Und treibt den Geck, Gelächter, in die Augen,

Daß eitle Lustigkeit die Wangen spannt. —
Ein Trieb, der meinem Thun verhaßt ist; —

oder

Wenn du mich könntest ohne Augen sehn,
Mich hören ohne Ohren, und erwiedern
Ohn' eine Zunge, mit Gedanken bloß,
Ohn' Auge, Ohr und läst'gen Schall der Worte:
Dann wollt' ich, troß dem lauernd wachen Tag,
In deinen Busen schütten, was ich denke.
Doch ach! ich will nicht. — Doch bin ich dir gut,
Und glaub', auf Ehre, auch, du bist mir gut.

Hubert.

So sehr, daß, was ihr mich vollbringen heißt,
Wär auch der Tod an meine That geknüpft,
Ich thät's beym Himmel doch.

König Johann.

Weiß ich das nicht?
Mein guter Hubert! Hubert! wirf den Blick
Auf jenen jungen Knaben; hör, mein Freund,
Er ist 'ne rechte Schlang' in meinem Weg,
Und wo mein Fuß nur irgend niedertritt,
Da liegt er vor mir: du verstehst mich doch?
Du bist sein Hüter.

Hubert.

Und will so ihn hüten,
Daß eure Majestät nichts fürchten darf.

König Johann.

Tod.

Hubert.

Mein Fürst?

König Johann.

Ein Grab.

Hubert.

Er soll nicht leben.

König Johann.

Genug.
Nun könnt' ich lustig seyn: Hubert, ich lieb' dich,
Ich will nicht sagen, was ich dir bestimme.
Gedenke dran! — Lebt wohl denn, gnäd'ge Frau,
Ich sende eurer Majestät die Truppen.

Eleonora.

Mein Segen sey mit dir.

König Johann.

Komm, Vetter! mit nach England!
Hubert soll dein Gefährt seyn, dich bedienen
Mit aller Treu und Pflicht. — Fort, nach Calais!

(Alle ab.)

Vierte Szene.

Zelt des Königs von Frankreich.

König Philipp, Louis, Pandulpho und Gefolge treten auf.

König Philipp.
So wird, von lauten Stürmen auf der Flut
Ein ganz Geschwader von bestürzten Segeln
Zerstreut, und die Genossenschaft getrennt.

Pandulpho.
Habt Muth und Trost! Es geht noch alles gut.

König Philipp.
Was kann noch gut gehn nach so schlimmem Fall?
Ist nicht das Heer geschlagen, Angers fort?
Arthur gefangen? werthe Freunde todt?
Und England blutig heimgekehrt nach England,
Frankreich zum Trotz durch alle Dämme brechend?

Louis.
Was er erobert, hat er auch befestigt.
So rasche Eil, so mit Bedacht gelenkt,
So weise Ordnung bey so kühnem Lauf,
Ist ohne Beyspiel. — Wer vernahm und las
Von irgend einer Schlacht, die dieser glich?

König Philipp.
Ich könnte England diesen Ruhm wohl gönnen,
Wüßt' ich für unsre Schmach ein Vorbild nur.

Constanze tritt auf.

Seht, wer da kommt? Ein Grab für eine Seele,
Das wider Willen hält den ew'gen Geist
Im schnöden Kerker des bedrängten Odems. —
Ich bitte, Fürstin, kommt hinweg mit mir.

Constanze.

Da seht nun, seht den Ausgang eures Friedens!

König Philipp.

Geduld, Constanze! muthig, werthe Fürstin!

Constanze.

Nein, allen Trost verschmäh' ich, alles Heil,
Bis auf des Trostes End' und wahres Heil,
Tod! Tod! — O liebenswürd'ger holder Tod!
Balsamischer Gestank! gesunde Fäulniß!
Steig auf aus deinem Lager ew'ger Nacht,
Du Haß und Schrecken der Zufriedenheit,
So will ich küssen dein verhaßt Gebein,
In deiner Augen Höhlung meine stecken,
Um meine Finger deine Würmer ringeln;
Mit eklem Staub dieß Thor des Odems stopfen,
Und will ein grauser Leichnam seyn wie du.
Komm, grins' mich an! ich denke dann, du lächelst,
Und herze dich als Weib. Des Elends Buhle,
O komm zu mir!

König Philipp.

O holde Trübsal, still!

Constanze.

Nein, nein, ich will nicht, weil ich Odem habe.
O wäre meine Zung' im Mund des Donners!
Erschüttern wollt' ich dann die Welt mit Weh,
Und aus dem Schlafe rütteln das Geripp,
Das eines Weibes schwachen Laut nicht hört,
Und eine mäß'ge Anrufung verschmäht.

Pandulpho.

Fürstin, ihr redet Tollheit und nicht Gram.

Constanze.

Du bist nicht fromm, daß du mich so belügst.
Ich bin nicht toll: dieß Haar, das ich zerrauf',
ist mein;
Constanze heiß' ich; ich war Gottfrieds Weib;
Mein Sohn ist Arthur, und er ist dahin.
Ich bin nicht toll, — o wollte Gott, ich wär's!
Denn ich vergäße dann vielleicht mich selbst,
Und könnt' ichs, welchen Gram vergäß' ich
nicht! —
Ja pred'ge Weisheit, um mich toll zu machen,
Und du sollst Heil'ger werden, Cardinal.
Da ich nicht toll bin, und für Gram empfindlich,
Giebt mein vernünftig Theil mir Mittel an,
Wie ich von diesem Leid mich kann befreyn,
Und lehrt mir, mich zu würgen oder hängen.
Wär ich es, so vergäß ich meinen Sohn,
Säh' ihn wohl gar in einer Lumpenpuppe.

Ich bin nicht toll: zu wohl, zu wohl nur fühl' ich
Von jedem Unglück die verschiedne Qual.

König Philipp.

Bindt diese Flechten auf. — O welche Liebe
Seh' ich in ihres Haares schöner Fülle!
Wo nur etwa ein Silbertropfe fällt,
Da hängen tausend freundschaftliche Faden
Sich an den Tropfen in gesell'gem Gram,
Wie treue, unzertrennliche Gemüther,
Die fest im Misgeschick zusammenhalten.

Constanze.

Nach England, wenn ihr wollt!

König Philipp.

Bindt euer Haar auf.

Constanze.

Das will ich, ja: und warum will ichs thun?
Ich riß sie aus den Banden, und rief laut:
»O lösten diese Hände meinen Sohn,
Wie sie in Freyheit dieses Haar gesetzt!«
Doch nun beneid' ich ihre Freyheit ihnen,
Und will sie wieder in die Banden schlagen,
Weil in Gefangenschaft mein armes Kind. —
Ich hört' euch sagen, Vater Cardinal,
Wir sehn und kennen unsre Freund' im Himmel.
Ist das, so seh' ich meinen Knaben wieder,
Denn seit des Erstgebohrnen Kain Zeit,
Bis auf das Kind, das erst seit gestern athmet,

Kam kein so heiliges Geschöpf zur Welt.
Allein nun nagt der Sorgen Wurm mein Knöspchen,
Und scheucht den frischen Reiz von seinen Wangen,
Daß er so hohl wird aussehn wie ein Geist,
So bleich und mager wie ein Fieberschauer,
Und wird so sterben; und so auferstanden,
Wenn ich ihn treffe in des Himmels Saal,
Erkenn' ich ihn nicht mehr: drum werd' ich nie,
Nie meinen zarten Arthur wiedersehn.

Pandulpho.

Ihr übertreibt des Grames Bitterkeit.

Constanze.

Der spricht zu mir, der keinen Sohn je hatte.

König Philipp.

Ihr liebt den Gram so sehr als euer Kind.

Constanze.

Gram füllt die Stelle des entfernten Kindes,
Legt in sein Bett sich, geht mit mir umher,
Nimmt seine allerliebsten Blicke an,
Spricht seine Worte nach, erinnert mich
An alle seine holden Gaben, füllt
Die leeren Kleider aus mit seiner Bildung.
Drum hab' ich Ursach meinen Gram zu lieben.
Gehabt euch wohl! Wär euch geschehn, was mir,
Ich wollt' euch besser trösten, als ihr mich.

(Sie reißt ihren Kopfputz ab.)

Ich will die Zier nicht auf dem Haupt behalten,
Da mein Gemüth so wild zerrüttet ist.
O Gott, mein Kind! mein holder Sohn! mein
Arthur!
Mein Leben! meine Lust! mein Alles du!
Mein Wittwentrost und meines Kummers Heil!
(ab.)

König Philipp.

Ich fürcht' ein Äußerstes und will ihr folgen.
(ab.)

Louis.

Es giebt nichts in der Welt, was mich kann freun;
Das Leben ist so schaal, wie'n altes Mährchen,
Dem Schläfrigen ins dumpfe Ohr geleyert;
Und Schmach verdarb des süßen Worts Geschmack,
Daß es nur Schmach und Bitterkeit gewährt.

Pandulpho.

Vor der Genesung einer heft'gen Krankheit,
Im Augenblick der Kraft und Beßrung, ist
Am heftigsten der Anfall; jedes Übel,
Das Abschied nimmt, erscheint am übelsten.
Was büßt ihr ein durch dieses Tags Verlust?

Louis.

Des Ruhmes, Heils und Glücks gesammte Tage.

Pandulpho.

Gewißlich, wenn ihr ihn gewonnen hättet.
Nein, wenn das Glück den Menschen wohlthun
will,

So blickt es sie mit drohnden Augen an.
Unglaublich ists, wie viel Johann verliert
Durch das, was er für rein gewonnen achtet.
Thut dirs nicht leid, daß Arthur sein Gefangner?

Louis.

So herzlich, wie er froh ist ihn zu haben.

Pandulpho.

Eu'r Sinn ist jugendlich wie euer Blut.
Nun hört mich reden mit prophet'schem Geist,
Denn selbst der Hauch deß, was ich sprechen will,
Wird jeden Staub und Halm, den kleinsten Anstoß
Wegblasen aus dem Pfad, der deinen Fuß
Zu Englands Thron soll führen: drum gieb Acht.
Johann hat Arthurn jetzt in der Gewalt,
Und, weil noch warmes Leben in den Adern
Des Kindes spielt, kann, seinem Platze fremd,
Johann unmöglich eine Stunde, ja
Nur einen Odemzug der Ruh genießen.
Ein Szepter mit verwegner Hand ergriffen,
Wird mit Gewalt behauptet wie erlangt;
Und wer auf einer glatten Stelle steht,
Verschmäht den schnödsten Halt zur Stütze nicht.
Auf daß Johann mag stehn, muß Arthur fallen:
So sey es, denn es kann nicht anders seyn.

Louis.

Doch was werd' ich durch Arthurs Fall gewinnen?

Pandulpho.

Ihr, kraft des Rechtes eurer Gattin Blanca,
Habt jeden Anspruch dann, den Arthur machte.

Louis.

Und büße alles ein, wie's Arthur machte.

Pandulpho.

Wie neu ihr seyd in dieser alten Welt!
Johann macht Bahn, die Zeit begünstigt euch;
Denn wer sein Heil in ächtes Blut getaucht,
Der findet nur ein blutig unächt Heil.
Der Frevel wird die Herzen seines Volks
Erkälten, und den Eifer frieren machen;
Daß, wenn sich nur der kleinste Vortheil regt,
Sein Reich zu stürzen, sie ihn gern ergreifen.
Am Himmel kein natürlich Dunstgebild,
Kein Spielwerk der Natur, kein trüber Tag,
Kein blut'ger Vorfall, kein gemeiner Wind,
Die sie nicht ihrem wahren Grund entreißen,
Und nennen werden Meteore, Wunder,
Vorzeichen, Misgeburten, Himmelsstimmen,
Die den Johann mit Rache laut bedrohn.

Louis.

Vielleicht berührt er Arthurs Leben nicht,
Und hält durch sein Gefängniß sich gesichert.

Pandulpho.

O Herr, wenn er von eurer Ankunft hört,
Ist dann der junge Arthur noch nicht hin,

So stirbt er auf die Nachricht; und alsdann
Wird all sein Volk die Herzen von ihm wenden,
Des unbekannten Wechsels Lippen küssen,
Und Antrieb aus den blut'gen Fingerspitzen
Johanns zur Wuth und zur Empörung ziehn. ..
Mich dünkt, ich seh' den Wirrwarr schon im Gang,
Und o! was brüten noch für beßre Dinge,
Als ich genannt! — Der Bastard Faulconbridge
Ist jetzt in England, plündert Kirchen aus,
Und höhnt die Frömmigkeit: wär nur ein Dutzend
Von euren Landesleuten dort in Waffen,
Sie wären wie Lockvögel, die zehntausend
Engländer zu sich über würden ziehn;
Und wie ein wenig Schnee, umhergewälzt,
Sogleich zum Berge wird. O edler Dauphin,
Kommt mit zum König! Es ist wundervoll,
Was sich aus ihrem Unmuth machen läßt.
Nun die Gemüther übervoll von Haß,
Nach England auf! Ich will den König treiben.

Louis.

Ja, starke Gründe machen seltsam wagen:
Kommt! sagt ihr ja, er wird nicht nein euch sagen.

(Beyde ab.)

Vierter Aufzug.

Erste Szene.

Northampton. Ein Zimmer in der Burg.

Hubert und zwey Aufwärter treten auf.

Hubert.

Glüh mir die Eisen heiß, und stell du dann
Dich hinter die Tapete; wenn mein Fuß
Der Erde Busen stampft, so stürzt hervor,
Und bindt den Knaben, den ihr bey mir trefft,
Fest an den Stuhl. Seyd achtsam! fort und lauscht!

Erster Aufwärter.

Ich hoff', ihr habt die Vollmacht zu der That.

Hubert.

Unsaubre Zweifel! Fürchtet nichts, paßt auf!
(Aufwärter ab.)
Kommt, junger Bursch, ich hab' euch was zu sagen.

Arthur tritt auf.

Arthur.

Guten Morgen, Hubert.

Hubert.

Guten Morgen, kleiner Prinz.

Arthur.

So kleiner Prinz, mit solchem großen Anspruch
Mehr Prinz zu seyn, als möglich. Ihr seyd traurig.

Hubert.

Fürwahr, ich war sonst lust'ger.

Arthur.

Liebe Zeit!
Mich dünkt, kein Mensch kann traurig seyn, als ich:
Doch weiß ich noch, als ich in Frankreich war
Gabs junge Herrn, so traurig wie die Nacht,
Zum Spaße bloß. Bey meinem Christenthum!
Wär ich nur frey und hütete die Schafe,
So lang der Tag ist, wollt' ich lustig seyn.
Und das wollt' ich auch hier, besorgt' ich nicht
Daß mir mein Oheim noch mehr Leid will thun.
Er fürchtet sich vor mir und ich vor ihm;
Ists meine Schuld denn, daß ich Gottfrieds Sohn?
Nein, wahrlich nicht: und, Hubert, wollte Gott
Ich wär eu'r Sohn, wenn ihr mich lieben wolltet.

Hubert beyseit.

Red' ich mit ihm, so wird sein schuldlos Plaudern

Mein Mitleid wecken, das erstorben liegt:
Drum will ich rasch seyn und ein Ende machen.

Arthur.

Seyd ihr krank, Hubert? Ihr seht heute blaß:
Im Ernst, ich wollt', ihr wärt ein wenig krank,
Daß ich die Nacht aufsäß' und bey euch wachte.
Gewiß, ich lieb' euch mehr als ihr mich liebt. —

Hubert.

Sein Reden nimmt Besitz von meinem Busen. —
Lies, junger Arthur! — (Zeigt ihm ein Papier. Beyseit.)
Nun, du thöricht Wasser?
Du treibst die unbarmherz'ge Marter aus?
Ich muß nur kurz seyn, daß Entschließung nicht
Dem Aug' entfall' in weichen Weibesthränen. —
Könnt ihrs nicht lesen? ists nicht gut geschrieben?

Arthur.

Zu gut zu solcher schlimmen Absicht, Hubert.
Müßt ihr mir ausglühn meine beyden Augen
Mit heißen Eisen?

Hubert.

Junger Knab', ich muß.

Arthur.

Und wollt ihr?

Hubert.

Und ich will.

Arthur.

Habt ihr das Herz? Als euch der Kopf nur schmerzte,

So band ich euch mein Schnupftuch um die Stirn,
Mein Bestes, eine Fürstin stickt' es mir,
Und niemals fordert' ichs euch wieder ab;
Hielt mit der Hand den Kopf euch Mitternachts,
Und wie der Stunde wachsame Minuten
Ermuntert' ich die träge Zeit beständig,
Frug bald: was fehlt euch? und: wo sitzt der
Schmerz?
Und bald: was kann ich euch für Liebes thun?
Manch armen Manns Sohn hätte still gelegen,
Und nicht ein freundlich Wort zu euch gesagt:
Doch euer Krankenwärter war ein Prinz.
Ihr denkt vielleicht, das war nur schlaue Liebe,
Und nennt es List? Thuts, wenn ihr wollt; gefällts
Dem Himmel, daß ihr mich mißhandeln müßt,
So müßt ihr. — Wollt ihr mir die Augen blenden?
Die Augen, die kein einzig Mal euch scheel
Ansahn noch ansehn werden?

Hubert.

Ich habs geschworen,
Und ausglühn muß ich sie mit heißen Eisen.

Arthur.

Ach! niemand thät' es, wär die Zeit nicht eisern.
Das Eisen selbst, obschon in rother Glut,
Tränk' meine Thränen, diesen Augen nahend,
Und löschte seine feurige Entrüstung

In dem Erzeugniß meiner Unschuld selbst;
Ja, es verzehrte sich nachher in Rost,
Bloß weil sein Feuer mir das Aug verletzt.
Seyd ihr den härter als gehämmert Eisen?
Und hätte auch ein Engel mich besucht,
Und mir gesagt, mich werde Hubert blenden,
Ich hätt' ihm nicht geglaubt: niemand als Hubert.

Hubert stampft.

Herbey!

Aufwärter kommen mit Eisen, Stricken u. s. w.

Thut, wie ich euch befahl.

Arthur.

O helft mir, Hubert! helft mir! Meine Augen
Sind aus schon von der blut'gen Männer Blicken.

Hubert.

Gebt mir das Eisen, sag' ich, bindet ihn.

Arthur.

Was braucht ihr, ach! so stürmisch rauh zu seyn?
Ich will nicht sträuben, ich will stockstill halten.
Ums Himmels willen, Hubert! Nur nicht binden!
Nein, hört mich, Hubert, jagt die Männer weg,
Und ich will ruhig sitzen wie ein Lamm;
Will mich nicht rühren, nicht ein Wörtchen sagen,
Noch will ich zornig auf das Eisen sehn.
Treibt nur die Männer weg und ich vergeb' euch
Was ihr mir auch für Qualen anthun mögt.

Hubert.

Geht! tretet ab, laßt mich allein mit ihm!

Erster Aufwärter.

Ich bin am liebsten fern von solcher That.

(Aufwärter ab.)

Arthur.

O weh! so schalt ich meinen Freund hinweg,
Sein Blick ist finster, doch sein Herz ist mild. —
Ruft ihn zurück, damit sein Mitleid eures
Beleben mag.

Hubert.

Komm, Knabe, mach dich fertig.

Arthur.

So hilft denn nichts?

Hubert.

Nichts als dich blenden lassen.

Arthur.

O Himmel! säß' euch was im Auge nur,
Ein Korn, ein Stäubchen, eine Mück', ein Haar,
Irgend ein Anstoß in dem kostbarn Sinn!
Dann, fühltet ihr, wie da das kleinste tobt,
Müßt' euch die schnöde Absicht gräulich scheinen.

Hubert.

Verspracht ihr das? Still! haltet euren Mund.

Arthur.

Hubert, der Vortrag mehr als Eines Mundes
Kann nicht genugsam für zwey Augen sprechen.

Laßt mich den Mund nicht halten, Hubert, nein!
Und wollt ihr, schneidet mir die Zunge aus,
Wenn ich die Augen nur behalten darf.
O schonet meine Augen! sollt' ich auch
Sie nie gebrauchen, als euch anzuschaun.
Seht, auf mein Wort! Das Werkzeug ist schon
kalt,
Und würde mir kein Leid thun.

Hubert.

Ich kanns glühen, Knabe.

Arthur.

Nein, wahrlich nicht: das Feuer starb vor Gram,
Daß es, zum Trost geschaffen, dienen soll
Zu unverdienten Qualen. Seht nur selbst!
Kein Arges ist in dieser glühnden Kohle,
Des Himmels Odem blies den Geist ihr aus,
Und streute reu'ge Aschen auf ihr Haupt.

Hubert.

Mein Odem kann sie neu beleben, Knabe.

Arthur.

Wenn ihr das thut, macht ihr sie nur erröthen,
Und über eu'r Verfahren glühn vor Scham.
Ja sie würd' euch vielleicht ins Auge sprühn,
Und wie ein Hund, den man zum Streite zwingt,
Nach seinem Meister schnappen, der ihn hetzt.
Was ihr gebrauchen wollt, mir weh zu thun,
Versagt den Dienst: nur euch gebricht das Mitleid,

Das wildes Feu'r und Eisen hegt, Geschöpfe
Zu unbarmherz'gen Zwecken ausersehn.

Hubert.

Gut, leb'! ich will dein Auge nicht berühren
Für alle Schätze, die dein Oheim hat.
Doch schwur ich drauf, und war entschlossen, Knabe,
Mit diesen Eisen hier sie auszubrennen.

Arthur.

Nun seht ihr aus wie Hubert! All die Zeit
Wart ihr verkleidet.

Hubert.

Still: nichts mehr. Lebt wohl!
Eu'r Oheim darf nicht wissen, daß ihr lebt;
Ich will die Spürer mit Gerüchten speisen.
Und, holdes Kind, schlaf sorgenlos und sicher,
Daß Hubert, für den Reichthum aller Welt,
Kein Leid dir thun will.

Arthur.

O Himmel! Dank euch, Hubert!

Hubert.

Nichts weiter! Still hinein begleite mich!
In viel Gefahr begeb' ich mich für dich.

(Beyde ab.)

Zweyte Szene.

Ebendaselbst. Ein Staatszimmer im Palaste.

König Johann, gekrönt; Pembroke, Salisbury und andre Herren treten auf. Der König setzt sich auf den Thron.

König Johann.
Hier nochmals sitzen wir, nochmals gekrönt,
Und angeblickt, hoff' ich mit freud'gen Augen.

Pembroke.
Dieß Nochmals, hätt' es Eurer Hoheit nicht
Also beliebt, war Einmal überflüßig.
Ihr wart zuvor gekrönt, und niemals war
Euch dieses hohe Königthum entrissen,
Der Menschen Treu mit Aufruhr nicht befleckt;
Es irrte frische Hoffnung nicht das Land,
Auf frohen Wechsel oder bessern Zustand.

Salisbury.
Drum, sich umgeben mit zwiefachem Prunk,
Ein Recht verbrämen, das schon reich zuvor,
Vergülden feines Gold, die Lilie mahlen,
Auf die Viole Wohlgerüche streun,
Eis glätten, eine neue Farbe leihn
Dem Regenbogen, und mit Kerzenlicht
Das schöne Aug des Himmels schmücken wollen,
Ist lächerlich und unnütz Übermaß.

Pembroke.

Müßt' euer hoher Wille nicht geschehn,
So wär die Handlung wie ein altes Mährchen,
Das, neu erzählt, beym Wiederhohlen lästig,
Weil man zu ungelegner Zeit es vorbringt.

Salisbury.

Hiedurch wird das bekannte würd'ge Ansehn
Der schlichten alten Weise sehr entstellt;
Und, wie der umgesetzte Wind ein Segel,
So kehrt es der Gedanken Richtung um;
Daß die Erwägung scheu und stutzig wird,
Gesunde Meynung krank, Wahrheit verdächtig,
Weil sie erscheint in so neumod'ger Tracht.

Pembroke.

Der Handwerksmann, ders allzugut will machen,
Verdirbt mit Habsucht die Geschicklichkeit,
Und öfters, wenn man einen Fehl entschuldigt,
Macht ihn noch schlimmer die Entschuldigung;
Wie Flicken, die man setzt auf kleine Risse,
Da sie den Fehl verbergen, mehr entstellen
Als selbst der Fehl, eh man ihn so geflickt.

Salisbury.

Auf dieses Ziel, bevor ihr neugekrönt,
Ging unser Rath: doch es gefiel Eu'r Hoheit
Ihn nicht zu achten, und wir sind zufrieden,
Weil all und jedes Theil von unserm Wollen
Vor Eurer Hoheit Willen stille steht.

König Johann.

Verschiedne Gründe dieser zweyten Krönung
Trug ich euch vor, und halte sie für stark;
Und stärk're noch, wenn meine Furcht geringer,
Vertrau' ich euch: indessen fodert nur
Was ihr verbessert wünscht, das übel steht,
Und merken sollt ihr bald, wie willig ich
Gesuche hören und gewähren will.

Pembroke.

Ich dann, — als der die Zunge dieser hier,
Um aller Herzen Wünsche kund zu thun, —
Sowohl für mich als sie, (allein vor allem
Für eure Sicherheit, wofür sie sämtlich
Ihr best Bemühn verwenden) bitte herzlich
Um die Befreyung Arthurs, deß Gefängniß
Des Misvergnügens murr'nde Lippen reizt,
In diesen Schluß bedenklich auszubrechen:
Habt ihr mit Recht, was ihr in Ruh besitzt,
Warum sollt' eure Furcht, — die, wie man sagt,
Des Unrechts Schritt begleitet, — euch bewegen
So einzusperren euren zarten Vetter,
In ungeschliffner Einfalt seine Tage
Zu dämpfen, seiner Jugend zu verweigern
Der guten Übung köstlichen Gewinn?
Damit der Zeiten Feinde dieß zum Vorwand
Nicht brauchen können, laßt uns euch ersuchen,
Daß ihr uns seine Freyheit bitten heißt,

Woben wir nichts zu unserm Besten bitten,
Als nur, weil unser Wohl, auf euch beruhend,
Für euer Wohl es hält, ihn frey zu geben.

König Johann.

So sey es; ich vertraue eurer Leitung
Den Jüngling an.

Hubert tritt auf.

Hubert, was giebt es neues?

Pembroke.

Der ists, der sollte thun die blut'ge That:
Er wies die Vollmacht einem Freund von mir.
Es lebt das Bild von böser arger Schuld
In seinem Auge; dieß verschloßne Ansehn
Zeigt Regung einer sehr beklommnen Brust;
Und fürchtend glaub' ich, schon geschah, wozu
Wir so gefürchtet, daß er Auftrag hatte.

Salisbury.

Des Königs Farbe kommt und geht: sein Anschlag
Und sein Gewissen schickt sie hin und her,
So wie Herolde zwischen furchtbarn Heeren.
Die Leidenschaft ist reif, bald bricht sie auf.

Pembroke.

Und wenn sie aufbricht, fürcht' ich, kommt der Eiter
Von eines holden Kindes Tod heraus.

König Johann.

Wir halten nicht des Todes starken Arm.

Lebt schon mein Will zu geben, edle Herrn,
So ist doch eu'r Gesuch dahin und todt.
Er sagt, daß Arthur diese Nacht verschied.

Salisbury.

Wir fürchteten, sein Übel sey unheilbar.

Pembroke.

Wir hörten, wie so nah dem Tod' er war,
Eh noch das Kind sich selber krank gefühlt.
Dieß fodert Rechenschaft hier oder sonst.

König Johann.

Was richtet ihr auf mich so ernste Stirnen?
Denkt ihr, daß ich des Schicksals Scheere halte?
Hab' ich dem Lebenspulse zu befehlen?

Salisbury.

Ein offenbar betrüglich Spiel! und Schande,
Daß Hoheit es so gröblich treiben darf. —
Viel Glück zu eurem Spiel, und so lebt wohl!

Pembroke.

Noch bleib, Lord Salisbury; ich geh' mit dir,
Und finde dieses armen Kindes Erbe,
Sein kleines Reich in dem gezwungnen Grab.
Das Blut, dem all dieß Eiland war bestellt,
Besitzt drey Fuß davon: o schlimme Welt!
Dieß ist nicht so zu dulden; was uns kränkt
Bricht alles los, und schleunig, eh mans denkt.

(Die Herren ab.)

König Johann.

Sie brennen in Entrüstung; mich gereut's,
Es wird mit Blut kein fester Grund gelegt,
Kein sichres Leben schaft uns Andrer Tod.

Ein Bote kommt.

Ein schreckend Aug hast du: wo ist das Blut,
Daß ich in diesen Wangen wohnen sah?
Solch trüben Himmel klärt ein Sturm nur auf.
Schütt' aus dein Wetter! — Wie geht in Frank-
reich alles?

Bote.

Von Frankreich her nach England. Niemals ward
Zu einer fremden Heerfahrt solche Macht
In eines Landes Umfang ausgehoben.
Sie lernten eurer Eile Nachahmung,
Denn da ihr hören solltet daß sie rüsten,
Kommt Zeitung, daß sie alle angelangt.

König Johann.

O wo war unsre Kundschaft denn berauscht?
Wo schlief sie? wo ist meiner Mutter Sorge
Daß Frankreich so ein Heer vereinen konnte,
Und sie es nicht gehört?

Bote.

Mein Fürst, ihr Ohr
Verstopfte Staub: am Ersten des April
Starb eure edle Mutter, und ich höre,

Daß

Daß Frau Constanz' in Raserey gestorben
Drey Tage früher; doch dieß hört' ich flüchtig
Vom Mund des Rufs, und weiß nicht, ob es
wahr.

König Johann.

Halt inne, furchtbare Gelegenheit!
Schließ einen Bund mit mir, bis ich besänftige
Die misvergnügten Pairs! — Wie? Mutter todt?
Wie wild gehn meine Sachen dann in Frank-
reich! —
Mit welcher Führung kam das Heer von Frankreich,
Das, wie du aussagst, hier gelandet ist?

Bote.

Unter dem Dauphin.

Der Bastard und Peter von Pomfret
treten auf.

König Johann.

Schwindlicht machst du mich
Mit deiner Botschaft. — Nun, was sagt die Welt
Zu eurem Thun? Stopft nicht in meinen Kopf
Mehr üble Neuigkeiten; er ist voll.

Bastard.

Doch scheut ihr euch, das schlimmste anzuhören,
So laßt es ungehört aufs Haupt euch fallen.

König Johann.

Ertragt mich, Vetter, denn ich war betäubt

Unter der Flut: allein nun athm' ich wieder
Hoch über'm Strom, und kann jedweder Zunge
Gehör verleihn, sie spreche was sie will.

Bastard.

Wie mirs gelungen bey der Geistlichkeit,
Das werden die geschafften Summen zeigen.
Doch da ich reiste durch das Land hieher,
Fand ich die Leute wunderlich gelaunt,
Besessen vom Gerücht, voll eitler Träume,
Nicht wissend was sie fürchten, doch voll Furcht;
Und hier ist ein Prophet, den ich mit mir
Aus Pomfrets Straßen brachte, den ich fand,
Wie Hunderte ihm auf der Ferse folgten,
Derweil er sang in ungeschlachten Reimen,
Es werd' auf nächste Himmelfahrt vor Mittags
Eu'r Hoheit ihre Krone niederlegen.

König Johann.

Du eitler Träumer, warum sprachst du so?

Peter.

Vorwissend, daß es also wird geschehn.

König Johann.

Fort mit ihm, Hubert, wirf ihn ins Gefängniß.
Und auf den Tag zu Mittag, wo er sagt
Daß ich die Kron' abtrete, laß ihn hängen;
Gieb in Verwahrung ihn, und komm zurück:
Ich hab' dich nöthig. —

(Hubert mit Peter ab.)

O mein bester Vetter,
Weißt du die Nachricht schon, wer angelangt?

Bastard.

Die Franken, Herr; es ist in aller Munde.
Dann traf ich auch Lord Bigot und Lord Salis-
bury,
Mit Augen, roth wie neugeschürtes Feuer,
Und andre mehr: sie suchten Arthurs Grab,
Der sagten sie, die Nacht getödtet sey
Auf euren Antrieb.

König Johann.

Liebster Vetter, geh,
Misch dich in ihren Kreis; ich hab' ein Mittel,
Mir ihre Liebe wieder zu gewinnen.
Bring sie zu mir.

Bastard.

Ich geh', sie aufzusuchen.

König Johann.

Ja, aber eilt! Es jag' ein Fuß den andern.
O keine feindlichen Vasallen nur,
Da fremde Gegner meine Städte schrecken
Mit eines kühnen Einbruchs furchtbarm Pomp! —
Sey du Merkur, nimm Flügel an die Fersen,
Und fliege wie Gedanken wieder her.

Bastard.

Der Geist der Zeiten soll mich Eile lehren.

(ab.)

König Johann.

Gesprochen wie ein wackrer Edelmann!
Geh, folg' ihm, denn ihm ist vielleicht vonnöthen
Ein Bote zwischen mir und jenen Pairs
Und der sey du.

Bote.

Von Herzen gern, mein Fürst.

(ab.)

König Johann.

Und meine Mutter todt!

Hubert tritt auf.

Hubert.

Mein Fürst, es heißt, man sah die Nacht fünf Monde,
Vier stehend, und der fünfte kreiste rund
Um jene vier in wunderbarer Schwingung.

König Johann.

Fünf Monde?

Hubert.

In den Straßen prophezeyn
Bedenklich alte Frau'n und Männer drüber.
Von Mund zu Munde geht Prinz Arthurs Tod,
Und wenn sie von ihm reden, schütteln sie
Die Köpfe, flüstern sich einander zu,
Und der, der spricht, ergreift des Hörers Hand,
Weil der, der hört, der Furcht Gebehrden macht,

Die Stirne runzelt, winkt und Augen rollt.
Ich sah 'nen Schmid mit seinem Hammer, so,
Indeß sein Eisen auf dem Ambos kühlte,
Mit offnem Mund verschlingen den Bericht
Von einem Schneider, der mit Scheer' und Maß
In Händen, auf Pantoffeln, so die Eil
Verkehrt geworfen an die falschen Füße,
Erzählte von viel tausend Fränk'schen Kriegern,
Die stünden schon in Schlachtordnung in Kent.
Ein andrer hagrer, schmutz'ger Handwerksmann
Fällt ihm ins Wort, und spricht von Arthurs
Tod.

König Johann.

Was suchst du diese Furcht mir einzujagen,
Und rügst so oft des jungen Arthurs Tod?
Dein Arm ermordet' ihn; ich hatte mächt'gen
Grund
Ihn todt zu wünschen, doch du hattest keinen
Ihn umzubringen?

Hubart.

Keinen, gnäd'ger Herr?
Wie, habt ihr nicht dazu mich aufgefordert?

König Johann.

Es ist der Kön'ge Fluch, bedient von Sklaven
Zu seyn, die Vollmacht sehn in ihren Launen,
Zu brechen in des Lebens blut'ges Haus,
Und nach dem Wink des Ansehns ein Gesetz

Zu deuten, zu errathen die Gesinnung
Der droh'nden Majestät, wenn sie vielleicht
Aus Laune mehr als Überlegung zürnt.

Hubert.

Hier euer Brief und Siegel für die That.

König Johann.

O wenn die Rechnung zwischen Erd' und Himmel
Wird abgeschlossen, dann wird wider uns
Der Brief und Siegel zur Verdammniß zeugen!
Wie oft macht nicht der Anblick von den Mitteln
Zu bösen Thaten, Thaten böslich thun!
Wenn du nicht da gewesen wärst, ein Mensch
Gezeichnet von den Händen der Natur,
Und ausersehn zu einer That der Schmach,
So kam mir dieser Mord nicht in den Sinn.
Doch da ich Acht gab auf dein scheuslich Ansehn,
Geschickt zu blut'ger Schurkerey dich fand,
Und fähig in Gefahr dich zu gebrauchen,
So deutet' ich von fern auf Arthurs Tod:
Und du, um einem König werth zu seyn,
Trugst kein Bedenken, einen Prinz zu morden.
Hättst du den Kopf geschüttelt, nur gestutzt,
Da ich von meinem Anschlag dunkel sprach;
Ein Aug des Zweifels auf mich hingewandt,
Und mich in klaren Worten reden heißen:
Ich wär verstummt vor Scham, hätt' abgebrochen,
Und deine Scheu bewirkte Scheu in mir.

Doch du verstandst aus meinen Zeichen mich,
Und pflogst durch Zeichen mit der Sünde Rath,
Ja ohne Anstand gab dein Herz sich drein,
Und dem zufolge deine rohe Hand,
Die That zu thun, die wir zu nennen mieden. —
Aus meinen Augen fort! nie sieh mich wieder!
Der Adel läßt mich, meinem Staate trotzen
Vor meinen Thoren fremder Mächte Reihn;
Ja selbst in diesem fleischlichen Gebiet,
Dem Reich hier, dem Bezirk von Blut und Odem,
Herrscht Feindlichkeit und Bürgerzwist, erregt
Durch mein Gewissen und des Neffen Tod.

Hubert.

Bewehrt euch gegen eure andern Feinde,
Ich gebe Frieden eurer Seel' und euch.:
Prinz Arthur lebt, und diese Hand hier ist
Noch eine jungfräuliche reine Hand,
Gefärbt von keines Blutes Purpurflecken.
In diesen Busen drängte nie sich noch
Die grause Regung mördrischer Gedanken,
Ihr schmähtet die Natur in meiner Bildung,
Die, wie sie äußerlich auch roh erscheint,
Doch Hülle eines edleren Gemüths,
Als Henker eines armen Kinds zu werden.

König Johann.

Lebt Arthur noch? O eile zu den Pairs,
Gieß den Bericht auf die entbrannte Wuth,

Und zähme zur Ergebenheit sie wieder!
Vergieb, was meine Leidenschaft gedeutet
Aus deinen Zügen: meine Wuth war blind,
Und ein verwildert schnödes Aug des Blutes,
Wies dich mir fürchterlicher als du bist.
O sprich nicht! eilends die erzürnten Großen
In mein Gemach zu bringen, mach dich auf!
Langsam beschwör' ich, schneller sey dein Lauf.

(Beyde ab.)

Dritte Szene.

Ebendaselbst. Vor der Burg.

Arthur erscheint auf den Mauern.

Arthur.

Die Mau'r ist hoch, ich springe doch hinab:
Sey milde, guter Boden, schone mich! —
Fast niemand kennt mich; thäten sie es auch
Die Schifferjungen-Tracht verstellt mich ganz.
Ich fürchte mich, und doch will ich es wagen.
Komm' ich hinab, und breche nicht den Hals,
So weiß ich, wie ich Raum zur Flucht erwerbe:
So gut, ich sterb' und geh', als bleib' und sterbe.

(Er springt hinunter.)

Weh! meines Oheims Geist ist in dem Stein, —
Nimm, Gott, die Seel', und England mein
Gebein. (Er stirbt.)

Pembroke, Salisbury und Bigot
treten auf.

Salisbury.

Ihr Herrn, ich treff' ihn zu Sankt Edmunds-Bury.
Es stellt uns sicher und man muß ergreifen
Den Freundes-Antrag der bedrängten Zeit.

Pembroke.

Wer brachte diesen Brief vom Cardinal?

Salisbury.

Der Graf Melun, ein edler Herr von Frankreich,
Deß mündlich Zeugniß von des Dauphins Liebe
Viel weiter geht, als diese Zeilen sagen.

Bigot.

So laßt uns also morgen früh ihn treffen.

Salisbury.

Nein, auf den Weg uns machen; denn es sind
Zwey starke Tagereisen bis zu ihm.

Der Bastard tritt auf.

Bastard.

Noch Einmal heut gegrüßt, erzürnte Herrn!
Der König läßt durch mich euch zu sich laden.

Salisbury.

Der König hat sich unser selbst beraubt.

Wir wollen seinen dünnen schmutz'gen Mantel
Mit unsern reinen Ehren nicht besetzen,
Noch folgen seinem Fuß, der Stapfen Bluts
Wo er nur wandelt, nachläßt; kehrt zurück
Und sagt ihm das: wir wissen schon das schlimmste.

Bastard.

Wie schlimm ihr denkt, denkt doch auf gute Worte.

Salisbury.

Der Gram, und nicht die Sitte spricht aus uns.

Bastard.

Doch eurem Grame fehlt es an Vernunft,
Drum wärs vernünftig, daß ihr Sitte hättet.

Pembroke.

Herr, Herr! hat Ungeduld ihr Vorrecht doch.

Bastard.

Ja, ihrem Herrn zu schaden, keinem sonst.

Salisbury indem er Arthur erblickt.

Dieß ist der Kerker: wer ists, der hier liegt?

Pembroke.

O Tod! auf reine Fürstenschönheit stolz!
Die Erde hat kein Loch, die That zu bergen.

Salisbury.

Der Mord, als haßt' er, was er selbst gethan,
Legts offen dar die Rache aufzufodern.

Bigot.

Oder, dem Grabe diese Schönheit weihend,
Fand er zu fürstlich reich sie für ein Grab.

Salisbury.

Sir Richard, was denkt ihr? Saht ihr wohl je,
Las't, oder hörtet, oder konntet denken,
Ja denket ihr beynah, wiewohl ihrs seht,
Das was ihr seht? Könnt' ohne diesen Vorwurf
Sich seines Gleichen der Gedanke bilden?
Dieß ist die eigentliche Höh', die Spitze,
Der Gipfel, ja vom Gipfel noch der Gipfel
Von Mords Gewalt; die blutigste Verruchtheit,
Die wildste Barbarey, der schnöd'ste Streich,
Den je Felsäugige, starrseh'nde Wuth
Des sanften Mitleids Thränen dargeboten.

Pembroke.

Kein Mord geschah, den dieser nicht entschuldigt;
Und dieser hier, so einzig unerreichbar,
Wird eine Heiligkeit und Reinheit leihn
Der ungebohrnen Sünde künft'ger Zeiten;
Ein tödlich Blutvergießen wird zum Scherz,
Hat es zum Vorbild dieß verhaßte Schauspiel.

Bastard.

Es ist ein blutig und verdammtes Werk,
Ein frech Beginnen einer schweren Hand,
Wenn es das Werk von irgend einer Hand.

Salisbury.

Wenn es das Werk von irgend einer Hand?
Wir hatten eine Spur, was folgen würde:
Es ist das schnöde Werk von Huberts Hand,

Der Anschlag und die Eingebung vom König, —
Aus dessen Pflicht ich meine Seel' entziehe,
Vor diesen Trümmern süßes Lebens knieend,
Und athmend seiner athemlosen Trefflichkeit
Den Weihrauch eines heiligen Gelübdes:
Niemals zu kosten Freuden dieser Welt,
Nie angesteckt zu werden vom Genuß,
Mich nie auf Muß' und Trägheit einzulassen,
Bis ich mit Ruhm verherrlicht diese Hand,
Indem ich ihr den Schmuck der Rache gebe.

Pembroke und Bigot.

Inbrünstig stimmen unsre Seelen bey.

Hubert tritt auf.

Hubert.

Herrn, ich bin heiß vor Eil, euch aufzusuchen;
Prinz Arthur lebt, der König schickt nach euch.

Salisbury.

O er ist keck, der Tod beschämt ihn nicht!
Fort, du verhaßter Schurke! heb dich weg!

Hubert.

Ich bin kein Schurke.

Salisbury den Degen ziehend.

Muß ich die Beute den Gerichten rauben?

Bastard.

Eu'r Schwert ist blank, Herr, steckt es wieder ein.

Salisbury.

Wenn ichs in eines Mörders Leib gestoßen.

Hubert.

Zurück, Lord Salisbury! zurück, sag ich!
Mein Schwert, beym Himmel, ist so scharf als eures,
Ich möchte nicht, daß ihr euch selbst vergäßt,
Und meiner Gegenwehr Gefahr erprobtet;
Ich möchte sonst, nur eure Wuth bemerkend,
Vergessen euren Werth und Rang und Adel.

Bigot.

Was, Koth, du trotzest einem Edelmann?

Hubert.

Nicht um mein Leben; doch vertheid'gen darf ich
Mein schuldlos Leben gegen einen Kaiser.

Salisbury.

Du bist ein Mörder.

Hubert.

Macht mich nicht dazu,
Noch bin ichs nicht. Weß Zunge fälschlich spricht,
Der spricht nicht wahr, und wer nicht wahr spricht, lügt.

Pembroke.

Haut ihn in Stücke.

Bastard.

Haltet Friede, sag' ich.

Salisbury.

Bey Seit! sonst werd' ich schlagen, Faulconbridge.

Bastard.

Schlag du den Teufel lieber, Salisbury!

Sieh mich nur finster an, rühr deinen Fuß,
Lehr deinem raschen Zorn mir Schmach zu thun,
So bist du todt. Steck ein das Schwert bey
Zeiten,
Sonst bläu' ich dich und deinen Bratspieß so,
Daß ihr den Teufel auf dem Hals euch glaubt.

Bigot.

Was willst du thun, berühmter Faulconbridge?
Beystehen einem Schelm und einem Mörder?

Hubert.

Lord Bigot, ich bin keiner.

Bigot.

Wer hat denn diesen Prinzen umgebracht?

Hubert.

Gesund verließ ich ihn vor einer Stunde,
Ich ehrte ihn, ich liebt' ihn, und verweine
Mein Leben um des seinigen Verlust.

Salisbury.

Traut nicht den schlauen Wassern seiner Augen,
Denn Bosheit ist nicht ohne solches Naß;
Und der, der ausgelernt ist, läßt wie Bäche
Des Mitleids und der Unschuld sie erscheinen.
Hinweg mit mir, ihr alle, deren Seelen
Den eklen Dunst von einem Schlachthaus fliehn!
Denn mich erstickt hier der Geruch der Sünde.

Bigot.

Hinweg! nach Bury, zu dem Dauphin dort!

Pembroke.

Dort, sagt dem König, kann er uns erfragen.

(Die Edelleute ab.)

Bastard.

O wackre Welt! — Ihr wußtet um dieß Werk?
So endlos weit die Gnade reichen mag,
Die That des Todes, wenn du sie gethan,
Verdammt dich, Hubert.

Hubert.

Hört mich doch nur, Herr.

Bastard.

He, laß mich dir was sagen.
Du bist verdammt, so schwarz, es giebt nichts schwärzres;
Verdammt noch tiefer als Fürst Lucifer;
So scheuslich giebts noch keinen Geist der Hölle,
Als du wirst seyn, wenn du dieß Kind erschlugst.

Hubert.

Bey meiner Seele, —

Bastard.

Stimmtest du nur ein
Zu dieser Gräuelthat, o so verzweifle!
Fehlt dir ein Strick, so reicht der Dünste Faden,
Den eine Spinn' aus ihrem Leibe zog,
Dich zu erdrosseln hin; ein Strohhalm wird zum Balken,
Dich dran zu hängen; willst du dich ertränken,

Thu etwas Wasser nur in einen Löffel,
Und es wird seyn so wie der Ocean,
Genug um solchen Schurken zu ersticken. —
Ich habe schweren Argwohn gegen dich.

Hubert.

Wenn ich durch That, durch Beyfall, ja Gedanken,
Am Raub des süßen Odems schuldig bin,
Den diese schöne Staubhüll' in sich hielt,
So mags für mich der Höll an Martern fehlen.
Gesund verließ ich ihn,

Bastard.

So geh und trag' ihn weg auf deinen Armen. —
Ich bin wie außer mir; mein Weg verliert sich
In Dornen und Gefahren dieser Welt. —
Wie leicht nimmst du das ganze England auf!
Aus diesem Stückchen todten Königthums
Floh dieses Reiches Leben, Recht und Treu
Zum Himmel auf, und bleibt für England nichts
Als Balgen, Zerren, mit den Zähnen packen
Das herrenlose Vorrecht stolzer Hoheit.
Nun straubet um den abgenagten Knochen
Der Majestät, der Krieg den zorn'gen Kamm,
Und fletscht dem Frieden in die milden Augen.
Nun treffen fremde Macht und heimscher Unmuth
Auf Einen Punkt, und die Verheerung wartet
So wie der Rab' auf ein erkranktes Vieh,
Auf nahen Fall des abgerungnen Prunks.

Nun ist der glücklich, dessen Gurt und Mantel
Dieß Wetter aushält. Trag das Kind hinweg
Und folge mir mit Eil; ich will zum König:
Denn viele tausend Sorgen sind zur Hand,
Der Himmel selbst blickt dräuend auf das Land.

(ab.)

Fünfter Aufzug.

Erste Szene.

Ebendaselbst. Ein Zimmer im Palaste.

König Johann, Pandulpho mit der Krone, und Gefolge treten auf.

König Johann.
So übergab ich denn in eure Hand
Den Zirkel meiner Würde.

Pandulpho indem er dem Könige die Krone giebt.
Nehmt zurück
Aus dieser meiner Hand, als Lehn des Pabstes,
Die königliche Hoheit und Gewalt.

König Johann.
Vollführt eu'r heilig Wort nun: trefft die Franken,
Braucht eure ganze Macht vom heil'gen Vater,

Sie aufzuhalten, eh in Brand wir stehn.
Die misvergnügten Gauen fallen ab,
In Zwietracht ist das Volk mit seiner Pflicht,
Ergebenheit und Herzensliebe schwörend
Ausländ'schem Blut und fremdem Königthum.
Und diese Überschwemmung böser Säfte
Kann nur von euch allein besänftigt werden.
Drum zögert nicht: die Zeiten sind so krank,
Daß, wenn man nicht sogleich Arzney verordnet,
Unheilbares Verderben folgen muß.

Pandulpho.

Mein Odem war's, der diesen Sturm erregt,
Auf euer starr Verfahren mit dem Pabst.
Doch weil ihr nun ein friedlicher Bekehrter,
So soll mein Mund den Sturm des Krieges stillen,
Und dem durchtobten Land schön Wetter geben.
Auf diesen Himmelfahrtstag, merkt es wohl,
Nach eurem Schwur dem Pabst zu dienen, mach' ich
Die Franken ihre Waffen niederlegen. (ab.)

König Johann.

Ist Himmelfahrtstag? Sprach nicht der Prophet,
Vor Himmelfahrt zu Mittag, würde ich
Der Krone mich begeben? Ja ich thats;
Ich glaubte da, es sollt' aus Zwang geschehn,
Doch, Gott sey Dank, es ist freywillig nur.

Der Bastard tritt auf.

Bastard.

Ganz Kent hat sich ergeben, nichts hält dort
Als Dover-Schloß; den Dauphin und sein Heer
Hat London wie ein güt'ger Wirth empfangen;
Eu'r Adel will nicht hören, und ist fort
Um eurem Feinde Dienste anzubieten,
Und wildeste Bestürzung jagt umher
Die kleine Zahl der zweifelhaften Freunde.

König Johann.

Und wollten nicht zurück die Edlen kommen,
Als sie gehört, Prinz Arthur lebe noch?

Bastard.

Sie fanden todt ihn auf der Straße liegen,
Ein leeres Kästchen, wo des Lebens Kleinod
Von einer Frevlerhand gestohlen war.

König Johann.

Der Schurke Hubert sagte mir, er lebe.

Bastard.

Bey meiner Seel', er wußt' es auch nicht anders.
Doch was senkt ihr das Haupt? was seht ihr traurig?
Seyd groß in Thaten, wie ihrs wart im Sinn,
Laßt nicht die Welt von Furcht und trübem Mistraun
Beherrscht ein königliches Auge sehn;

Seyd rührig wie die Zeit, Feu'r gegen Feuer,
Bedroht den Droher, übertrotzt die Stirn
Verwegnen Schreckens: so werden niedre Augen,
Die ihr Betragen von den Großen leihn,
Durch euer Vorbild groß, und sie erfüllt
Der kühne Geist der Unerschrockenheit.
Hinweg! und glänzet wie der Gott des Kriegs,
Wenn er gesonnen ist das Feld zu zieren;
Zeigt Kühnheit und erhebendes Vertraun.
Soll man den Leu'n in seiner Höhle suchen?
Und da ihn schrecken? da ihn zittern machen?
O daß man das nicht sage! — Macht euch auf,
Und trefft das Unheil weiter weg vom Haus,
Und packt es an, eh es so nahe kommt.

König Johann.

Es war hier bey mir der Legat des Pabstes,
Mit dem ich glücklich einen Frieden schloß;
Und er versprach, die Heersmacht wegzusenden,
Die mit dem Dauphin kommt.

Bastard.

O schmählich Bündniß!
So sollen wir, auf eignem Grund und Boden,
Begrüßung senden und Vergleiche machen,
Verhandlungen, Vorschläge, feigen Stillstand
Auf solchen Angriff? Soll ein glatter Knabe,
Ein seidnes Bübchen, trotzen unsern Au'n,
Und seinen Muth auf streitbarm Boden weiden,

Die Luft mit eitel wehnden Fahnen höhnend?
Und hemmt ihn nichts? Mein König, zu den
Waffen!
Dem Cardinal gelingt wohl nicht der Friede,
Und wenn auch, mindstens sage man von uns,
Daß sie zur Gegenwehr bereit uns sahn.

König Johann.

Die Anordnung der jetzigen Zeit sey euer.

Bastard.

Fort denn, mit gutem Muth! und ihr sollt sehn,
Wir könnten einen stolzern Feind bestehn.

(ab.)

Zweyte Szene.

Eine Ebene bey Sankt Edmunds-Bury.

Louis, Salisbury, Melun, Pembroke, Bigot, kommen in Waffen, mit Soldaten.

Louis.

Graf Melun, laßt dieß hier in Abschrift nehmen,
Und die bewahrt zum Angedenken uns;
Die Urschrift gebt ihr diesen Herrn zurück,
Damit, wenn unsre Ordnung aufgezeichnet,
Wir, diese Schrift durchlesend, wissen mögen,
Worauf wir jetzt das Sakrament genommen,
Und fest und unverletzt die Treue halten.

Salisbury.

Wir werden unsrerseits sie nimmer brechen.
Und, edler Dauphin, schwören wir euch schon
Willfähr'gen Eifer, ungezwungne Treu'
Zu eurem Fortschritt; dennoch glaubt mir, Prinz,
Ich bin nicht froh, daß solch Geschwür der Zeit
Ein Pflaster in verschmähtem Aufruhr sucht,
Und Einer Wunde eingefreßnen Schaden
Durch viele heilet: o es quält mein Herz,
Daß ich dieß Erz muß von der Seite ziehn
Und Witwen machen; — o, und eben da,
Wo ehrenvolle Gegenwehr und Rettung
Lautmahnend ruft den Namen Salisbury.
Allein, so groß ist der Verderb der Zeit,
Daß wir zur Pfleg' und Heilung unsers Rechts
Zu Werk nicht können gehn, als mit der Hand
Des harten Unrechts und verwirrten Übels. —
Und ists nicht Jammer, o bedrängte Freunde!
Daß wir, die Söhn' und Kinder dieses Eilands
Solch eine trübe Stund' erleben mußten,
Wo wir auf ihren milden Busen treten
Nach fremdem Marsch, und ihrer Feinde Reihn
Ausfüllen, (ich muß weggehn und beweinen
Die Schande dieser nothgedrungnen Wahl,)
Den Adel eines fernen Lands zu zieren,
Zu folgen unbekannten Fahnen hier?
Wie, hier? — O Volk, daß du von hinnen
könntest!

Daß dich Neptun, deß Arme dich umfassen,
Wegtrüge von der Kenntniß deiner selbst,
Und würfe dich auf einen Heidenstrand,
Wo diese Christenheere leiten könnten
Der Feindschaft Blut in eine Bundesader,
Und nicht es so unnachbarlich vergießen.

Louis.

Ein edles Wesen zeigest du hierin:
Aus großen Trieben, dir im Busen ringend,
Bricht ein Erdbeben aus von Edelmuth.
O welchen edlen Zweykampf hast du nicht
Gefochten zwischen Noth und biedrer Rücksicht!
Laß trocknen mich den ehrenvollen Thau,
Der silbern über deine Wangen schleicht:
Es schmolz mein Herz bey Frauenthränen wohl
Die doch gemeine Überschwemmung sind;
Doch dieser Tropfen männlicher Ergießung,
Dieß Schauer, von der Seele Sturm erregt,
Entsetzt mein Aug' und macht bestürzter mich,
Als säh' ich das gewölbte Dach des Himmels
Mit glühnden Meteoren ganz gestreift.
Erheb' die Stirn, berühmter Salisbury,
Und dräng den Sturm mit großem Herzen weg:
Laß diese Wasser jenen Säuglings-Augen
Die nie die Riesenwelt in Wuth gesehn,
Noch anders als beym Fest das Glück getroffen,
Von Blute warm, von Lust und Brüderschaft.

Komm, komm! denn du sollst deine Hand so tief
In des Erfolges reichen Beutel stecken
Als Louis selbst; — das, Edle, sollt ihr alle,
Die eurer Sehnen Kraft an meine knüpft.

Pandulpho tritt auf mit Gefolge.

Und eben jetzt dünkt mich, ein Engel sprach:
Seht dort den heiligen Legat sich nahn,
Uns Vollmacht von des Himmels Hand zu geben,
Und unserm Thun zu leihn des Rechtes Namen
Durch heil'ges Wort.

Pandulpho.

Heil, edler Prinz von Frankreich!
Dieß folgt demnächst: versöhnt hat sich mit Rom
König Johann; sein Sinn hat sich gewandt,
Der so der heil'gen Kirche widerstrebte,
Der größten Hauptstadt und dem Stuhl von Rom.
Drum rolle nun die drohnden Fahnen auf,
Und zähm' den wüsten Geist des wilden Krieges;
Daß, wie ein Löwe nach der Hand gezogen,
Er ruhig liege zu des Friedens Fuß,
Und nur dem Ansehn nach gefährlich sey.

Louis.

Verzeiht, Hochwürden, ich will nicht zurück:
Ich bin zu hochgebohren, um mit mir
Zu lassen schalten, mich zu untergeben,
Als nützliches Gehülfe oder Werkzeug.

An irgend eine Herrschaft in der Welt.
Eu'r Odem schürte erst die todten Kohlen
Des Krieges zwischen diesem Reich und mir;
Ihr schafftet Stoff herbey, die Glut zu nähren,
Nun ist sie viel zu stark, sie auszublasen
Mit jenem schwachen Wind, der sie entflammt.
Ihr lehrtet mich des Rechtes Antliz kennen,
Ihr zeigtet mir Ansprüche auf dieß Land,
Ja warft dieß Unternehmen in mein Herz.
Und kommt ihr nun und sagt mir, daß Johann
Mit Rom den Frieden schloß? Was kümmert's mich?
Ich, kraft der Würde meines Ehebetts,
Begehr' als mein dieß Land nach Arthurs Abgang;
Und nun ichs halb erobert, muß ich weichen,
Bloß weil Johann mit Rom den Frieden schloß?
Bin ich Roms Sklav? Wo schaffte Rom denn Gelder,
Wo warb es Truppen, sandte Kriegsgeräth,
Dieß Werk zu unterstützen? bin ichs nicht,
Der diese Bürde trägt? wer sonst als ich,
Und die, so meinem Anspruch pflichtig, schwitzen
In diesem Handel und bestehn den Krieg?
Hört' ich nicht dieser Insel Bürger jauchzen:
Vive le roi! als ihre Städt' ich grüßte?
Hab' ich die besten Karten nicht zum Sieg
In diesem leichten Spiel um eine Krone?

Und gäb' ich nun den Satz, der mein schon, auf?
Nein, nein! auf Ehre, nie soll man das sagen.

Pandulpho.

Ihr seht die Sache nur von außen an.

Louis.

Von außen oder innen, ich beharre,
Bis mein Versuch so weit verherrlicht ist,
Als meiner hohen Hoffnung ward versprochen,
Eh ich dieß wackre Kriegsheer aufgebracht,
Und diese feur'gen Geister auserkohren
Den Sieg zu überfliegen, Ruhm zu suchen
Selbst in dem Schlund des Tods und der Gefahr. —
(Trompetenstoß.)
Welch muthige Trompete mahnet uns?

Der Bastard mit Gefolge tritt auf.

Bastard.

Der Höflichkeits-Gebühr der Welt gemäß
Gebt mir Gehör: ich bin gesandt zu reden. —
Vom König komm' ich, heil'ger Herr von Mai-
land,
Zu hören, wie ihr euch für ihn verwandt;
Und wie ihr Antwort gebt, weiß ich die Gränze
Und Vollmacht, meiner Zunge vorgezeichnet.

Pandulpho.

Der Dauphin ist zu widersetzlich starr,
Und will sich nicht auf mein Gesuch bequemen.
Er sagt: er lege nicht die Waffen nieder.

Bastard.

Bey allem Blut, das je die Wuth gehaucht,
Der junge Mann thut wohl. — Hört Englands
König nun,
Denn so spricht seine Majestät durch mich.
Er ist gerüstet, und das ziemt sich auch:
Denn euer äffisch ungezognes Kommen,
Geharnschte Mummerey und tolle Posse,
Unbärt'ge Keckheit, knabenhaften Truppen
Belacht der König, und ist wohl gerüstet
Die Zwerges-Waffen, den Pygmäen-Krieg,
Aus seiner Länder Kreise wegzupeitschen.
Die Hand, die Kraft besaß, vor euren Thüren
Euch abzuprügeln, daß ihr sprangt ins Haus,
Wie Eimer in verborgne Brunnen tauchtet,
In eurer Stallverschläge Lager krocht,
Wie Pfänder euch in Kisten schloßt und Kasten,
Bey Säuen stalltet, süße Sicherheit
In Gruft und Kerker suchtet, und erbebtet,
Selbst vor dem Schreyn von eures Volkes Hahn,
Als wär' die Stimm' ein Englischer Soldat; —
Soll hier die Siegerhand entkräftet seyn,
Die euch gezüchtigt hat in euren Kammern?
Nein! wißt, der tapfre Fürst ist in den Waffen,
Und schwebt als Adler über seiner Brut,
Herabzuschießen wenn dem Nest was naht.
Und ihr abtrünn'ge undankbare Art,

Ihr blut'gen Nero's, die den Leib zerfleischen
Der Mutter England, werdet roth vor Scham!
Denn eure eignen Frau'n und blassen Mädchen
Wie Amazonen, trippeln nach der Trommel,
Aus Fingerhüten Waffenhandschuh machend,
Aus Nadeln Lanzen, und das sanfte Herz
Zu blutiger und wilder Regung kehrend.

Louis.

Dein Pochen ende hier, und scheid' in Frieden.
Wir gebens zu, du kannst uns überschelten:
Leb wohl, wir achten unsre Zeit zu hoch,
Um sie mit solchem Prahler zu verschwenden.

Pandulpho.

Erlaubt zu reden mir.

Bastard.

Nein, ich will reden.

Louis.

Wir wollen keinen hören. Rührt die Trommel,
Des Krieges Zunge führe nun das Wort
Für unsern Anspruch und für unser Hierseyn.

Bastard.

Ja, schlagt die Trommeln und sie werden schreyn;
Ihr auch, wenn wir euch schlagen. Wecke nur
Ein Echo auf mit deiner Trommel Lärm,
Und eine Trommel ist bereit zur Hand,
Die laut wie deine wiederschallen soll;
Rühr eine andre, und die andre soll

So laut wie dein' ans Ohr des Himmels schmettern,
Des tiefen Donners spottend: denn schon naht,
Nicht trauend diesem hinkenden Legaten,
Den er aus Spaß vielmehr als Noth gebraucht,
Der kriegrische Johann; und auf der Stirn
Sitzt ihm ein nackter Tod, deß Amt es ist
An Tausenden der Franken heut zu schwelgen.

Louis.

Rührt unsre Trommeln, sucht die Heersmacht auf.

Bastard.

Du wirst sie finden, Dauphin, baue drauf.

(Alle ab.)

Dritte Szene.

Ebendaselbst. Ein Schlachtfeld.

Getümmel. König Johann und Hubert treten auf.

König Johann.

Wie geht der Tag für uns? O sag mir Hubert!

Hubert.

Schlecht, fürcht' ich; was macht Eure Majestät?

König Johann.

Dieß Fieber, daß so lange mich geplagt,
Liegt schwer auf mir: o ich bin herzlich krank!

Ein Bote tritt auf.

Bote.

Mein Fürst, eu'r tapfrer Vetter, Faulconbridge
Mahnt eure Majestät das Feld zu räumen;
Geruht zu melden ihm, wohin ihr geht.

König Johann.

Sagt ihm, nach Swinstead, dort in die Abtey.

Bote.

Seyd gutes Muthes, denn die große Hülfsmacht,
Die hier vom Dauphin ward erwartet, ist
Vorgestern Nacht auf Goodwin-Sand gescheitert.
Die Nachricht kam bey Richard eben an,
Die Franken fechten matt und ziehn zurück.

König Johann.

Weh mir! dieß Fieber brennt mich grausam auf,
Und läßt mich nicht die Zeitung froh begrüßen.
Fort denn nach Swinstead! gleich zu meiner Sänfte!
Schwachheit bewältigt mich und ich bin matt.

Vierte Szene.

Ein andrer Theil des Schlachtfeldes.

Salisbury, Pembroke, Bigot, und Andre treten auf.

Salisbury.

Ich hielt den König nicht so reich an Freunden.

Pembroke.

Noch einmal auf! Flößt Muth den Franken ein;
Misglückt es ihnen, so misglückt es uns.

Salisbury.

Der misgebohrne Teufel, Faulconbridge,
Trotz allem Trotz, erhält die Schlacht allein.

Pembroke.

Es heißt, der König räumte krank das Feld.

Melun kommt, verwundet und von Soldaten geführt.

Melun.

Führt mich zu den Rebellen Englands hier.

Salisbury.

In unserm Glück gab man uns andre Namen.

Pembroke.

Es ist Graf Melun.

Salisbury.

Auf den Tod verwundet.

Melun.

Flieht edle Englische, ihr seyd verkauft;
Entfädelt der Empörung rauhes Ohr,
Und neu bewillkommt die entlaßne Treu.
Sucht euren König auf, fallt ihm zu Füßen:
Denn sind die Franken Herrn des heißen Tags,
So denkt er euch genommne Müh zu lohnen,
Indem er euch enthauptet; er beschwors,
Und ich mit ihm, und viele mehr mit mir

Auf

Auf dem Altare zu Sankt Edmunds-Bury,
Auf eben dem Altar, wo theure Freundschaft
Und ew'ge Liebe wir euch zugeschworen.

Salisbury.

O wär das möglich! sollt' es Warheit seyn!

Melun.

Hab' ich nicht grausen Tod im Angesicht?
Und heg' in mir nur etwas Leben noch,
Das weg mir blutet, wie ein wächsern Bild
Am Feuer schmelzend die Gestalt verliert?
Was in der Welt kann jetzt mich trügen machen,
Da alles Trugs Gewinn für mich verlohren?
Warum denn sollt' ich falsch seyn, da es wahr,
Daß ich hier sterb' und dort durch Wahrheit lebe?
Ich sag' es noch: ist Louis Sieger heut,
So schwur er falsch, wenn diese eure Augen
Je einen andern Tag anbrechen sehn.
Noch diese Nacht, die schwarzen gift'gen Hauch
Schon um den glühnden Hauptschmuck dampfen läßt
Der alten, schwachen, lebensmüden Sonne, —
Noch diese böse Nacht sollt ihr verscheiden,
Zur Buße für bedungenen Verrath
Verrätherisch gebüßt um euer Leben,
Wenn Louis unter eurem Beystand siegt.
Empfehlt mich einem Hubert, der beym König;
Freundschaft für ihn, und überdieß die Rücksicht

Daß mein Großvater Englischer Geburt,
Weckt mein Gewissen auf, dieß zu bekennen.
Dafür, ich bitt' euch, tragt von hinnen mich,
Aus dem Getös' und Lärm des Feldes weg
Wo ich in Frieden der Gedanken Rest
Ausdenken kann, und Leib und Seele trennen
In der Betrachtung und in frommen Wünschen.

Salisbury.

Wir glauben dir, — und strafe mich der Himmel,
Gefällt mir nicht die Min' und die Gestalt
Von dieser freundlichen Gelegenheit,
Den Weg verdammter Flucht zurückzumessen.
Wir wollen uns, gesunknen Fluten gleich,
Die Ausschweifung und irre Bahn verlassend,
Den Schranken neigen, die wir überströmt,
Und in Gehorsam ruhig gleiten hin
Zu unserm Meer, zu unserm großen König. —
Mein Arm soll helfen, dich hier wegzubringen,
Denn schon seh' ich die bittre Todesangst
In deinem Blick. — Fort, Freunde! neue Flucht!
Neuheit ist Glück, wenn altes Recht die Frucht.

(Alle ab. Melun wird weggeführt.)

Fünfte Szene.

Das Französische Lager.

Louis kommt mit seinem Zuge.

Louis.

Die Sonne wollte, schien's, nicht untergehn;
Sie blieb, und machte rings den West erröthen,
Als Englands Heer den eignen Grund zurückmaß
Mit mattem Zug; o brav beschlossen wir,
Als wir mit überflüß'ger Schüsse Ladung
Nach blut'gem Tagwerk boten gute Nacht,
Und rollten die zerrißnen Fahnen auf,
Zuletzt im Feld, und Herrn beynah davon. —

Ein Bote kommt.

Bote.

Wo ist mein Prinz, der Dauphin?

Louis.

Hier; was giebts?

Bote.

Graf Melun fiel, die Englischen Barone
Sind auf sein Dringen wieder abgefallen;
Und die Verstärkung, die ihr lang' gewünscht,
Auf Goodwin-Sand gescheitert und gesunken.

Louis.

Ach schlimme Zeitung! sey verwünscht dafür!

Ich dachte nicht so traurig diesen Abend
Zu seyn, als sie mich macht. — Wer wars, der sagte,
Der König sey geflohn, nur ein paar Stunden
Eh tappend Dunkel unsre Heere schied?

Bote.

Wer es auch sagte, es ist wahr, mein Fürst.

Louis.

Wohl, haltet gut Quartier zu Nacht, und Wache:
Der Tag soll nicht so bald auffseyn wie ich,
Des Glückes Gunst auf morgen zu versuchen.

(Alle ab.)

Sechste Szene.

Ein offner Platz in der Nachbarschaft der Abtey Swinstead.

Der Bastard und Hubert begegnen einander.

Hubert.

Wer da? he, sprecht! und hurtig oder ich schieße!

Bastard.

Gut Freund. Wer bist du?

Hubert.

Englischer Partey.

Bastard.

Und wohin gehst du?

Hubert.

Was gehts dich an? Kann ich nach deinen Sachen
Dich nicht so gut, wie du nach meinen, fragen?

Bastard.

Ich denke, Hubert.

Hubert.

Dein Gedank' ist richtig.
Ich will auf jegliche Gefahr hin glauben,
Du seyst mein Freund, der meinen Ton so kennt.
Wer bist du?

Bastard.

Wer du willst; beliebt es dir,
So kannst du mir die Liebe thun, zu denken
Ich komm' etwa von den Plantagenets.

Hubert.

O kränkend Wort! — Du und die blinde Nacht
Habt mich beschämt: verzeih mir, tapfrer Krieger,
Daß Laute, die von deiner Zunge kamen,
Entschlüpft sind der Bekanntschaft meines Ohrs.

Bastard.

Kommt, ohne Förmlichkeit: was giebt es neues?

Hubert.

Hier wandr' ich, in den schwarzen Brau'n der Nacht
Nach euch umher.

Bastard.

Kurz denn: was ist die Zeitung?

Hubert.

O bester Herr! Zeitung, der Nacht gemäß,
Schwarz, trostlos, fürchterlich und grausenvoll.

Bastard.

Zeigt mir den wundsten Fleck der Zeitung nur,
Ich bin kein Weib, ich falle nicht in Ohnmacht.

Hubert.

Den König, fürcht' ich, hat ein Mönch vergiftet.
Ich ließ ihn sprachlos fast, und stürzte fort,
Dieß Übel euch zu melden, daß ihr besser
Euch waffnen möchtet auf den schnellen Fall,
Als wenn ihr es bey Weil' erfahren hättet.

Bastard.

Wie nahm er es? wer kostete vor ihm?

Hubert.

Ein Mönch, so sag' ich, ein entschloßner Schurk,
Deß Eingeweide plötzlich barst; der König
Spricht noch, und kann vielleicht davon genesen.

Bastard.

Wer blieb zur Pflege seiner Majestät?

Hubert.

Ey, wißt ihrs nicht? Die Herrn sind wieder da,
Und haben den Prinz Heinrich mitgebracht,
Auf deß Gesuch der König sie begnadigt,
Und sie sind all' um seine Majestät.

Bastard.

Besänft'ge die Entrüstung, großer Himmel,

Versuche nicht uns über unsre Kräfte! —
Hör' an, mein halbes Heer ist diese Nacht
Die Fuhrt durchwatend, von der Flut ereilt,
Die Lachen Lincolns haben sie verschlungen,
Ich selbst bin wohlberitten kaum entwischt.
Fort! mir voran! führ mich zum König hin;
Ich fürchte, er ist todt, noch eh' ich komme.

(Beyde ab.)

Siebente Szene.

Der Garten der Abtey Swinstead.

Prinz Heinrich, Salisbury, Bigot und Andre treten auf.

Prinz Heinrich.

Es ist zu spät, das Leben seines Bluts
Ist tödlich angesteckt, und sein Gehirn,
Der Seele zartes Wohnhaus, wie sie lehren,
Sagt uns durch seine eitlen Grübeleyn
Das Ende seiner Sterblichkeit vorher.

Pembroke tritt auf.

Pembroke.

Der König spricht noch, und er hegt den Glauben,
Daß, wenn man in die freye Luft ihn brächte,
So lindert' es die brennende Gewalt
Des scharfen Giftes, welches ihn bestürmt.

Prinz Heinrich.

So laßt ihn bringen in den Garten hier.

(Bigot ab.)

Ras't er noch immer?

Pembroke.

Er ist ruhiger

Als da ihr ihn verließt; jetzt eben sang er.

Prinz Heinrich.

O Wahn der Krankheit! wildeste Zerrüttung,
Wenn sie beharret, fühlt sich selbst nicht mehr.
Der Tod, wenn er die äußern Theil' erbeutet,
Verläßt sie unsichtbar; sein Sitz ist nun
Nach dem Gemüth zu, das er sticht und quält
Mit Legionen seltner Fantaseyen,
Die sich im Drang um diesen letzten Halt
Verwirren. Seltsam, daß der Tod noch singt! —
Ich bin das Schwänlein dieses bleichen Schwans,
Der Klage-Hymnen tönt dem eignen Tod,
Und aus der Orgelpfeife seiner Schwäche
Zu ew'ger Ruhe Leib und Seele singt.

Salisbury.

Seyd gutes Muthes, Prinz; ihr seyd gebohren
Um Bildung dem verworrnen Stoff zu geben,
Den er so roh und so gestaltlos ließ.

Bigot kommt zurück mit Begleitern, die den König Johann auf einem Stuhle hereintragen.

König Johann.

Ah, nun schöpft meine Seele freye Luft,
Sie wollt' aus Thür noch Fenster nicht hinaus
So heißer Sommer ist in meinem Busen,
Daß er mein Eingeweid' in Staub zermalmt.
Ich bin ein hingekritzelt Bild, gezeichnet
Auf einem Pergament, vor diesem Feuer
Verschrumpf' ich.

Prinz Heinrich.

Was macht Eure Majestät?

König Johann.

Gift, — übel, — todt, verlassen, ausgestoßen;
Und keiner will den Winter kommen heißen,
Die eis'ge Hand mir in den Leib zu stecken,
Noch mir die Ströme meines Reiches leiten
In den verbrannten Busen, noch den Nord
Bewegen, daß er seine scharfen Winde
Mir küssen lasse die gesprungnen Lippen,
Und mich mit Kälte labe; — wenig bitt' ich,
Nur kalten Trost; und doch seyd ihr so streng
Und undankbar, daß ihr mir das versagt.

Prinz Heinrich.

O wär doch eine Kraft in meinen Thränen,
Die euch erquickte!

König Johann.

Das Salz in ihnen brennt.
In mir ist eine Hölle, und das Gift

Ist eingesperrt da, wie ein böser Feind,
Um rettungslos verdammtes Blut zu quälen.

Der Bastard kommt.

Bastard.

O ich bin siedend, von dem hast'gen Lauf
Und Eilen, Eure Majestät zu sehn.

König Johann.

O Vetter, du kommst her, mein Aug zu schließen!
Verbrannt ist meines Herzens Takelwerk,
Und alle Tau' an meines Lebens Segeln
Sind nur ein Faden, nur ein dünnes Haar;
Mein Herz hängt noch an Einer armen Schnur
Die kaum wird halten während deiner Zeitung.
Dann ist, was du hier siehst, ein Erdkloß nur,
Und Abbild des zerstörten Königthums.

Bastard.

Der Dauphin rüstet sich zum Zug hieher
Wo wir ihn, Gott weiß wie, empfangen werden.
Denn meiner Truppen beste Hälfte ward,
Als ich zurück mich Vortheils halber zog,
In einer Nacht, ganz plötzlich, in den Lachen
Verschlungen von der unverseh'nen Flut.

(Der König stirbt.)

Salisbury.

Ihr sagt die todte Nachricht todten Ohren. —
Mein Fürst! mein Herr! — Kaum König noch, —
nun so!

Prinz Heinrich.

So muß auch meine Bahn seyn, so mein Ziel.
Wo ist denn auf die Welt Verlaß und Glaube,
Wenn, was ein König war, so wird zu Staube?

Bastard.

Bist du dahin? Ich bleibe nur zurück,
Für dich den Dienst der Rache zu verrichten,
Dann soll dir meine Seel' im Himmel folgen,
Wie sie auf Erden immer dir gedient. —
Nun, Sterne, die ihr rollt in eignen Sphären,
Wo ist eu'r Einfluß? Zeigt nun beßre Treu,
Und augenblicklich kehrt mit mir zurück,
Zerstörung und beständ'ge Schmach zu stoßen
Aus des erschlafften Landes schwachem Thor.
Stracks laßt uns suchen, daß man uns nicht sucht,
Der Dauphin wütet schon an unsern Fersen.

Salisbury.

So scheint es, ihr wißt weniger als wir.
Der Cardinal Pandulpho rastet drinnen,
Er kam vom Dauphin vor der halben Stunde,
Und bringt von ihm Vorschläge zu dem Frieden,
Die wir mit Ehr' und Anstand eingehn dürfen,
Mit Absicht, gleich vom Kriege abzustehn.

Bastard.

Er thut es um so eher, wenn er sieht,
Daß wir zur Gegenwehr uns wohl gestärkt.

Salisbury.

Ja, ein'germaßen ist es schon gethan,

Denn viele Wagen hat er weggesandt
Zur Küste hin, und seinen Zwist und Handel
Des Cardinals Verwaltung überlassen;
Mit welchem ihr, ich und die andern Herrn
Wenn es euch gut dünkt, diesen Nachmittag
Zu des Geschäfts Vollendung reisen wollen.

Bastard.

So mag es seyn, und ihr, mein edler Prinz,
Mit andern Prinzen, welche dort nicht nöthig,
Besorget das Begängniß eures Vaters.

Prinz Heinrich.

Zu Worcester muß sein Leib beerdigt werden,
Denn so verlangt' ers.

Bastard.

Dahin soll er denn.
Und glücklich lege euer holdes Selbst
Des Lands ererbten Staat und Hoheit an,
Dem ich in aller Demuth, auf den Knie'n,
Zu eigen gebe meinen treuen Dienst
Und Unterwürfigkeit für ew'ge Zeiten.

Salisbury.

Wir thun ein gleich Erbieten unsrer Liebe,
Daß immerdar sie ohne Flecken sey.

Prinz Heinrich.

Ich hab' ein freundlich Herz, das gern euch dankte,
Und es nicht weiß zu thun als nur mit Thränen.

Bastard.

Laßt uns der Zeit das noth'ge Weh nur zahlen,
Weil sie vorausgeeilt ist unserm Gram. —
Dieß England lag noch nie und wird auch nie
Zu eines Siegers stolzen Füßen liegen,
Als wenn es erst sich selbst verwunden half.
Nun diese seine Prinzen heimgekommen,
So komme nur die ganze Welt in Waffen,
Wir trotzen ihr: nichts bringt uns Noth und Reu,
Bleibt England nur sich selber immer treu.

(Alle ab.)

König Richard der zweyte.

Personen.

König Richard der zweyte.

Edmund von Langley, Herzog von York. Johann von Gaunt, Herzog von Lancaster.	Oheime des Königs.

Heinrich, mit dem Zunamen Bolingbroke, Herzog von Hereford, Sohn Johanns von Gaunt, nachmaliger König Heinrich IV.

Herzog von Aumerle, Sohn des Herzogs von York.

Mowbray, Herzog von Norfolk.

Herzog von Surrey.

Graf von Salisbury.

Graf Berkley.

Bushy, Bagot, Green,	Kreaturen König Richards.

Graf von Northumberland.

Heinrich Percy, sein Sohn.

Lord Roß.

Lord Willoughby.

Lord Fitzwater.

Bischof von Carlisle.

Abt von Westminster.

Der Lord-Marschall, und ein andrer Lord.

Sir Pierre von Exton.

Sir Stephen Scroop.

Der Hauptmann einer Schaar von Wallisern.

Die Königin, Gemahlin König Richards

Herzogin von Gloster.

Herzogin von York.

Ein Hoffräulein der Königin.

Herren von Adel, Herolde, Offiziere, Soldaten, zwey Gärtner, Gefangenwärter, Bote, Stallknecht und andres Gefolge.

Die Szene ist an verschiednen Orten in England und Wales.

Erster Aufzug.

Erste Szene.

London. Ein Zimmer im Palaste.

König Richard tritt auf mit Gefolge; Johann von Gaunt, und andre Edle mit ihm.

König Richard.

Johann von Gaunt, ehrwürd'ger Lancaster,
Hast du nach Schwur und Pfand hiehergebracht
Den Heinrich Hereford, deinen kühnen Sohn,
Von jüngst die heft'ge Klage zu bewähren,
Die unsre Muß' uns da nicht hören ließ,
Wider den Herzog Norfolks, Thomas Mowbray?

Gaunt.

Ja, gnäd'ger Herr.

König Richard.

So sag mir ferner, hast du ihn geprüft,
Ob er aus altem Groll den Herzog anklagt,
Ob würdiglich, als guter Unterthan,
Nach einer Kenntniß des Verraths in ihm?

Gaunt.

So weit ich ihn erforschen konnte in dem Stück,
Um augenscheinliche Gefahr, gerichtet
Auf Eure Hoheit, nicht aus altem Groll.

König Richard.

So ruft sie vor: denn Antliz gegen Antliz
Und dräunde Stirn an Stirne, wollen wir
Frey reden hören Kläger und Beklagten.

(Einige aus dem Gefolge ab.)

Hochfahrend sind sie beyd' und in der Wuth
Taub wie die See, rasch wie des Feuers Glut.

Die vom Gefolge kommen zurück mit Bolingbroke und Norfolk.

Bolingbroke.

Manch Jahr beglückter Tage mög' erleben
Mein gnäd'ger König, mein huldreicher Herr!

Norfolk.

Ein Tag erhöhe stets des andern Glück,
Bis einst der Himmel, neidisch auf die Erde,
Ein ew'ges Recht zu eurer Krone fügt!

König Richard.

Habt beyde Dank: doch einer schmeichelt nur,

Wie durch den Grund, warum ihr kommt, sich zeigt,
Einander nämlich Hochverraths zu zeihn.
Vetter von Hereford, sag, was wirfst du vor
Dem Herzog da von Norfolk, Thomas Mowbray?

Bolingbroke.

Erst — sey der Himmel Zeuge meiner Rede! —
Aus eines Unterthans ergebner Pflicht,
Für meines Fürsten kostbar Heil besorgt,
Und frey von anderm miserzeugten Haß,
Komm' ich als Kläger vor dieß fürstlich Haupt. —
Nun, Thomas Mowbray, wend' ich mich zu dir,
Und acht' auf meinen Gruß: denn was ich sage,
Das soll mein Leib auf Erden hier bewähren,
Wo nicht, die Seel im Himmel Rede stehn.
Du bist ein Abgefallner und Verräther,
Zu gut um es zu seyn, zu schlecht zu leben:
Denn je krystallner sonst der Himmel glüht,
Je trüber scheint Gewölk, das ihn durchzieht.
Noch einmal, um die Schmach mehr einzuprägen,
Werf' ich das Wort Verräther dir entgegen.
Beweisen möge, wenns mein Fürst gewährt,
Was meine Zunge spricht, mein wackres Schwert.

Norfolk.

Laßt meine kalten Worte meinen Eifer
Hier nicht verklagen: nicht ein Weiberkrieg,
Das bittre Schelten zwey erboster Zungen,
Kann diese Frage zwischen uns entscheiden;

Das Blut ist heiß, das hierum kalt muß werden.
Doch rühm' ich mich so zahmer Duldung nicht,
Daß ich nichts sagen, und verstummen sollte.
Erst hält mich Scheu vor Eurer Hoheit ab,
Der freyen Rede Zaum und Sporn zu geben,
Die sonst wohl liefe, bis sie den Verrath
Ihm doppelt in den Hals zurückgeschleudert.
Die Hoheit seines Bluts bey Seit gesetzt,
Nehmt an, er sey nicht meines Lehnsherren Vetter,
So fodr' ich ihn heraus und spey' ihn an,
Nenn' ihn verläumderische Memm' und Schurke,
Dieß zu behaupten, räumt' ich Vortheil ein,
Und träf' ihn, müßt' ich laufen auch zu Fuß
Bis auf der Alpen eingefrorne Zacken,
Ja jeden andern unbewohnbarn Boden,
Wo je ein Englischer sich hingewagt.
Zum Schutze meiner Treu indeß genügt:
So wahr ich selig werden will! er lügt.

Bolingbroke.

Da, bleiche Memme! werf' ich hin mein Pfand,
Entsagend der Verwandschaft eines Königs,
Und lege ab die Hoheit meines Bluts,
So deine Furcht, nicht Ehrerbietung vorschützt.
Wenn schuld'ge Angst dir so viel Stärke läßt,
Mein Ehrenpfand zu nehmen, bücke dich;
Bey dem, und jedem Brauch des Ritterthums,
Will ich, Arm gegen Arm, dir, was ich sprach
Und was du schlimmres denken kannst, bewähren.

Norfolk.

Ich nehm' es auf, und schwöre bey dem Schwert,
Das sanft mein Ritterthum mir aufgelegt,
Ich stehe dir nach jeglicher Gebühr,
Nach jeder Weise ritterlicher Prüfung;
Und steig' ich auf, nie steig' ich lebend ab,
Wenn mein Verrath zur Klage Recht dir gab!

König Richard.

Was giebt dem Mowbray unser Vetter Schuld?
Groß muß es seyn, was nur mit dem Gedanken
Von Übel in ihm uns befreunden soll.

Bolingbroke.

Seht, was ich spreche, dafür steht mein Leben,
Daß er achttausend Nobel hat empfangen,
Als Borg für Eurer Hoheit Kriegesvolk,
Die er behalten hat zu schlechten Zwecken,
Als ein Verräther und ein büb'scher Schurke.
Dann sag' ich, und ich wills im Kampf beweisen,
Hier oder sonst wo, bis zum fernsten Rand,
Den je ein Englisch Auge hat erreicht,
Daß jeglicher Verrath seit achtzehn Jahren
In diesem Land' erdacht und angestiftet,
Vom falschen Mowbray Quell und Ursprung hatte.
Ich sage ferner, und will ferner noch
Dieß alles darthun auf sein schnödes Leben,
Daß er des Herzog Glosters Tod betrieben,
Misleitet seine allzugläub'gen Gegner,

Und feig verrätherisch die schuldlose Seele
Dadurch ihm ausgeschwemmt in Strömen Bluts,
Das wie das Blut des Opfer-weihnden Abel
Selbst aus der Erde stummen Höhlen schreyt
Zu mir, um Recht und strenge Züchtigung.
Und bey der Ahnen Ruhm, den ich ererbt,
Mein Arm vollbringts, sonst sey mein Leib verderbt.

König Richard.

Wie hohen Flugs sich sein Entschluß erschwingt!
Thomas von Norfolk, was sagt ihr hiezu?

Norfolk.

O wende mein Monarch sein Antliz weg
Und heiße taub sein Ohr ein Weilchen seyn,
Bis ich die Schmach von seinem Blut erzählt,
Wie Gott und Biedre solchen Lügner hassen.

König Richard.

Mowbray, mein Aug' und Ohr ist unpartenlich;
Wär' er mein Bruder, ja des Reiches Erbe,
Wie er nur meines Vaters Brudern Sohn;
Bey meines Szepters Würde schwör' ich doch,
Die Nachbarschaft mit unserm heil'gen Blut
Sollt' ihn nicht schützen, noch parteylich machen
Den stäten Willen meiner graden Seele.
Er ist uns Unterthan, Mowbray, wie du;
Furchtlose Red' erkenn' ich frey dir zu.

Norfolk.

Dann, Bolingbroke, durch deinen falschen Hals

Bis tief hinunter in dein Herz: du lügst!
Drey Viertheil von dem Vorschuß für Calais
Zahlt' ich dem Kriegsvolk Seiner Hoheit richtig,
Den Rest behielt ich auf Verwilligung,
Weil mein Monarch in meiner Schuld noch war,
Von wegen Rückstands einer großen Rechnung,
Seit ich aus Frankreich sein Gemahl gehohlt.
Nun schling die Lüg' hinab. — Was Glosters
Tod betrifft,
Ich schlug ihn nicht, allein, zu eigner Schmach,
Ließ von der Pflicht, die ich geschworen, nach. —
Was euch gilt, edler Herr von Lancaster,
Der ehrenwerthe Vater meines Feindes,
Einst stellt' ich heimlich eurem Leben nach,
Ein Fehl, der meine bange Seele kränkt:
Doch eh ich letzt das Sakrament empfing,
Bekannt' ich es, und bat um Euer Gnaden
Verzeihung förmlich; und ich hoff', ihr gabt sie.
So weit geht meine Schuld; der Rest der Klage
Kömmt her aus Tücken eines Bösewichts,
Abtrünn'gen und entarteten Verräthers,
Was an mir selbst ich kühnlich will bestehn;
Und wechselseitig schleudr' ich hin mein Pfand
Auf dieses trotzigen Verräthers Fuß,
Um mich als biedern Ritter zu bewähren
Im besten Blut das ihm im Busen wohnt.
Dieß zu beschleun'gen bitt' ich um die Gnade,
Daß eu'r Gebot auf einen Tag uns lade.

König Richard.

Ihr Wuthentflammten Herrn, folgt meinem Rath,
Vertreibt die Galle, ohne Blut zu lassen;
So sprechen wir, zwar nicht Arzneygelehrt,
Weil tiefe Bosheit allzutief versehrt.
Vergebt, vergeßt, seyd einig und gelassen!
Der Doktor sagt, jetzt frommt kein Aderlassen. —
Mein guter Ohm, dieß ende wie's begonn:
Ich sänftige den Herzog, ihr den Sohn.

Gaunt.

Den Frieden stiften ziemt des Greisen Sinn.
Wirf, Sohn, das Pfand des Herzog Norfolk hin.

König Richard.

Und, Norfolk, seines ihr.

Gaunt.

Nun, Heinrich? nun?
Gehorsam will, du sollst es willig thun.

König Richard.

Norfolk, wirf hin! Wir wollens, und es muß.

Norfolk.

Mich selbst, mein Herrscher, werf' ich dir zu Fuß.
Gebeut mein Leben, nur nicht meine Scham:
Das bin ich schuldig; doch mein reiner Nam',
Der trotz dem Tode lebt auf meinem Grabe,
Soll dein nicht seyn, der finstern Schmach zur Habe.
Entehrt, verklagt, steh' ich hier voll Beschwer;

Durchbört hat mich der Lästrung gift'ger Speer,
Kein Balsam als sein Herzblut kann dieß dämpfen,
Aus dem das Gift kam.

König Richard.

Wuth muß man bekämpfen,
Gieb her! der Löw macht Leoparden zahm.

Norfolk.

Doch färbt er sie nicht um; nehmt meine Scham,
Und willig geb' ich auch mein Pfand dann auf.
Der reinste Schatz in diesem ird'schen Lauf,
Mein theurer Fürst, ist unbefleckte Ehre,
Ohn' die der Mensch bemahlter Leim nur wäre.
Ein kühner Geist im treuen Busen ist
Ein Kleinod in zehnfach verschloßner Kist.
Ehr' ist mein Leben, beyd' in eins verbunden;
Nehmt Ehre, und mein Leben ist verschwunden.
Drum, theurer Fürst, laßt mich um Ehre werben,
Ich leb' in ihr und will für sie auch sterben.

König Richard.

Vetter, werft hin das Pfand! beginnet ihr!

Bolingbroke.

O solche Sünde wende Gott von mir!
Soll ich erniedrigt vor dem Vater stehn?
Mit blasser Bettlerfurcht die Hoheit schmähn
Vor dem gehöhnten Knecht? Eh ich so schnöde
Mit eigner Zunge meine Ehre tödte
Durch feigen Antrag: eh zerreißt mein Zahn

Das Werkzeug bangen Widerrufs fortan,
Und blutend spey ich sie, zu höchstem Hohn,
In Mowbray's Angesicht, der Schande Thron.

(Gaunt ab.)

König Richard.

Uns ziemet, statt zu bitten, zu befehlen,
Was wir nicht können, um euch auszusöhnen.
Drum stellt euch ein, wofür eur Leben bürge,
Zu Coventry, auf Sankt Lambertus Tag.
Da soll entscheiden eure Lan.' und Schwert
Den Zwist des Hasses, den ihr steigend nährt.
Weil wir euch nicht versöhnt, bewähr das Recht
Die Ritterschaft des Siegers im Gefecht.
Lord Marschall, laßt das Heroldsamt der Waffen,
Die Führung dieser innern Unruh schaffen.

(Alle ab.)

Zweyte Szene.

Ebendaselbst. Ein Zimmer im Palaste des Herzogs von Lancaster.

Gaunt und die Herzogin von Gloster treten auf.

Gaunt.

Ach, mein so naher Theil an Glosters Blut
Treibt mehr mich an als euer Schreyen, mich

Zu rühren gegen seines Lebens Schlächter.
Doch weil Bestrafung in den Händen liegt,
Die das gethan, was wir nicht strafen können,
Befehlen wir dem Himmel unsre Klage,
Der, wenn er reif die Stund' auf Erden sieht,
Aufs Haupt der Sünder heiße Rache regnet.

Herzogin von Gloster.

So ist die Brüderschaft kein schärf'rer Sporn?
Und schürt die Lieb' in deinem alten Blut
Kein lebend Feuer? Eduards sieben Söhne,
Wovon du selber einer bist, sie waren
Wie sieben Flaschen seines heil'gen Bluts,
Wie sieben Zweig' aus Einer Wurzel sprossend.
Ein Theil ist nun natürlich eingetrocknet,
Ein Theil der Zweige vom Geschick gefällt;
Doch Thomas, mein Gemahl, mein Heil, mein Gloster,
Von Eduards heil'gem Blute eine Flasche,
Ein blühnder Zweig der königlichen Wurzel,
Ist eingeschlagen und der Trank verschüttet,
Ist umgehaun und all sein Laub verwelkt,
Durch Neides Hand und Mordes blut'ge Axt.
Ach, Gaunt! sein Blut war deins; das Bett, der Schooß,
Der Lebensgeist, die Form, die dich gestaltet,
Macht' ihn zum Mann; und lebst du schon und athmest,

Bist du in ihm erschlagen: du stimmst ein
In großem Maß zu deines Vaters Tod,
Da du den armen Bruder sterben siehst,
Der Abdruck war von deines Vaters Leben.
Nenns nicht Geduld, es ist Verzweiflung, Gaunt;
Indem du so den Bruder läßst erschlagen,
Zeigst du den offnen Pfad zu deinem Leben,
Und lehrst dem finstern Morde, dich zu schlachten.
Was wir an Niedern rühmen als Geduld,
Ist blasse Feigheit in der edlen Brust.
Was red' ich viel? Du schirmst dein eignes Leben
Am besten, rächst du meines Glosters Tod.

Gaunt.

Der Streit ist Gottes, denn sein Stellvertreter,
Sein Bot', in seinem Angesicht gesalbt,
Hat seinen Tod verursacht; wenn mit Unrecht,
Mag Gott es rächen: ich erhebe nie
Den Arm im Zorne gegen seinen Diener.

Herzogin von Gloster.

Wo denn, ach! soll ich meine Klage führen?

Gaunt.

Beym Himmel, der der Witwen Schutz und Streiter.

Herzogin von Gloster.

Nun gut, das will ich. Alter Gaunt, leb wohl!
Du gehst nach Coventry, den grimmen Mowbray
Mit Vetter Hereford fechten da zu sehn.

O, Glosters Unrecht sitz auf Herefords Speer,
Auf daß er dring' in Schlächter Mowbrays Brust!
Und schlägt dem Unglück fehl das erste Rennen,
So schwer sey Mowbray's Sünd' in seinem Busen,
Daß sie des schäum'gen Rosses Rücken bricht,
Und wirft den Reiter häuptlings in die Schranken,
Auf Gnad' und Ungnad meinem Vetter Hereford!
Leb wohl, Gaunt! Deines weiland Bruders Weib
Verzehrt in Grams Gesellschaft ihren Leib.

Gaunt.

Schwester, leb wohl! Nach Coventry muß ich:
Heil bleibe bey dir und begleite mich.

Herzogin von Gloster.

Ein Wort noch! — Gram springt, wo er fällt, zurück,
Durch sein Gewicht, nicht durch die hohle Leerheit.
Ich nehme Abschied, eh ich noch begann;
Leid endet nicht, wann es scheint abgethan.
Empfiehl mich meinem Bruder, Edmund York.
Sieh, dieß ist alles: — doch warum so eilen?
Ist dieß schon alles, mußt du doch noch weilen;
Mir fällt wohl mehr noch ein. Heiß' ihn — o was?
Zu mir nach Plashy unverzüglich gehn.
Ach, und was wird der alte York da sehn,
Als leere Wohnungen und nackte Mauern,

Samt öden Hallen, unbetretnen Steinen?
Was zum Willkommen hören als mein Weinen?
Darum empfiehl mich: laß ihn dort das Leid
Nicht suchen, denn es wohnt ja weit und breit.
Trostlos will ich von hinnen und verscheiden:
Mein weinend Auge sagt das letzte Scheiden.

(ab.)

Dritte Szene.

Gosford-Aue bey Coventry.

Der Lord Marschall und Aumerle treten auf.

Lord Marschall.

Mylord Aumerle, ist Heinrich Hereford rüstig?

Aumerle.

In voller Wehr, begehrend einzutreten.

Lord Marschall.

Der Herzog Norfolks, wohlgemuth und kühn,
Harrt nur auf die Trompete seines Klägers.

Aumerle.

So sind die Kämpfer denn bereit, und warten
Auf nichts als Seiner Majestät Erscheinung.

Trompetenstoß. König Richard tritt auf und setzt sich auf seinen Thron; Gaunt und verschiedne Edle nehmen gleichfalls ihre Plätze.

Plätze. Eine Trompete wird geblasen und von einer andern Trompete draußen erwiedert. Alsdann erscheint Norfolk in voller Rüstung, mit einem Herold vor ihm her.

König Richard.

Marschall, erfraget von dem Kämpfer dort,
Die Ursach seiner Ankunft hier in Waffen;
Auch seinen Namen, und verfahrt mit Ordnung,
Den Eid ihm abzunehmen auf sein Recht.

Marschall.

In Gottes Namen und des Königs, sprich,
Wer bist du, und weswegen kommst du her,
So ritterlich mit Waffen angethan?
Und wider wen kommst du, und was dein Zwist?
Sprich wahrhaft, auf dein Ritterthum und Eid,
So schütze dich der Himmel und dein Muth!

Norfolk.

Mein Nam' ist Thomas Mowbray, Norfolks Herzog;
Ich komme her, durch einen Eid gebunden,
(Verhüte Gott, daß den ein Ritter bräche!)
Um zu vertheid'gen meine Pflicht und Treu
Gott, meinem König und Nachkommenschaft,
Wider den Herzog Hereford, der mich anklagt;
Und will, durch Gottes Gnad' und meinen Arm
Mich wehrend, ihn erweisen als Verräther

An Gott, an meinem König und an mir.
So schütze Gott mich, wie ich wahrhaft fechte!

(Er nimmt seinen Sitz ein.)

Eine Trompete wird geblasen. Bolingbroke erscheint in voller Rüstung, mit einem Herold vor ihm her.

König Richard.

Marschall, befragt den Ritter dort in Waffen,
Erst wer er ist, und dann warum er komme,
Mit kriegerischem Zeuge so gestählt;
Und förmlich, unserem Gesetz gemäß,
Vernehmt ihn auf das Recht in seiner Sache.

Lord Marschall.

Wie ist dein Nam', und warum kommst du her
Vor König Richard in die hohen Schranken?
Und wider wen kommst du, und was dein Zwist?
So schütz dich Gott, sprich als wahrhafter Ritter.

Bolingbroke.

Heinrich von Hereford, Lancaster und Derby
Bin ich, der hier bereit in Waffen steht,
Durch Gottes Gnad' und meines Leibes Kraft
Hier in den Schranken gegen Thomas Mowbray,
Herzog von Norfolk, darzuthun, er sey
Ein schnöder und gefährlicher Verräther
An Gott, an König Richard und an mir;
Und schütze Gott mich wie ich wahrhaft fechte!

Lord Marschall.

Bey Todesstrafe sey kein Mensch so kühn,
Daß er die Schranken anzurühren wage,
Den Marschall ausgenommen und Beamten,
Die dieß Geschäft gebührend ordnen sollen.

Bolingbroke.

Lord Marschall, laßt des Fürsten Hand mich küssen
Und niederknie'n vor Seiner Majestät.
Denn ich und Mowbray sind zwey Männern gleich,
Die lange, schwere Pilgerfahrt gelobt.
Laßt uns denn feyerlichen Abschied nehmen,
Und Lebewohl von beyderseit'gen Freunden.

Lord Marschall.

Der Kläger grüßt Eu'r Hoheit ehrerbietigst,
Und wünscht zum Abschied eure Hand zu küssen.

König Richard.

Ihn zu umarmen steigen wir herab. —
Vetter von Hereford, wie dein Handel recht,
So sey dein Glück im fürstlichen Gefecht.
Leb wohl, mein Blut! Mußt du es heut verströmen,
Darf ichs beklagen, doch nicht Rache nehmen.

Bolingbroke.

Kein edles Aug wüss' eine Thrän' um mich
Entweihn, wenn ich von Mowbray's Lanz' erblich;

So zuversichtlich wie des Falken Fliegen
Den Vogel trifft, werd' ich mit Mowbray kriegen.
(Zum Lord Marschall.)
Mein güt'ger Herr, ich nehme von euch Abschied, —
Von euch, mein edler Vetter, Lord Aumerle: —
Nicht krank, hab' ich zu schaffen gleich mit Tod,
Nein, lustig Athem hohlend, frisch und roth. —
Seht, wie beym Mahl, das Ende zu versüßen,
Will ich zuletzt das Auserwählteste grüßen: —
(Zu Gaunt.)
O du, der ird'sche Schöpfer meines Bluts,
Deß jugendlicher Geist, in mir erneuert,
Mit doppelter Gewalt empor mich hebt,
Den Sieg zu greifen über meinem Haupt!
Mach meine Rüstung fest durch dein Gebet,
Durch deinen Segen stähle meine Lanze,
Daß sie in Mowbray's Panzerhemde dringe,
Und glänze neu der Nam' Johann von Gaunt
Im muthigen Betragen seines Sohns.

Gaunt.

Gott geb' dir Glück bey deiner guten Sache!
Schnell wie der Blitz sey in der Ausführung,
Und laß, zwiefach verdoppelt, deine Streiche,
Betäubend wie den Donner, auf den Helm
Des tödlichen feindsel'gen Gegners fallen.
Reg' auf dein junges Blut, sey brav und lebe!

Bolingbroke.

Mein Recht und Sankt Georg mir Beystand gebe!

(Er nimmt seinen Sitz.)

Norfolk aufstehend.

Wie Himmel oder Glück mein Loos auch wirft,
So lebt und stirbt, treu König Richards Throne,
Ein redlicher und biedrer Edelmann.
Nie warf mit froherm Herzen ein Gefangner
Der Knechtschaft Fesseln ab, und hieß willkommen
Die goldne ungebundne Loslassung,
Als wie mein tanzendes Gemüth dieß Fest
Des Kampfes wider meinen Gegner feyert.
Großmächt'ger Fürst, und meines Rangs Gefährten,
Daß meine Wünsch' euch frohe Zeit bescheerten!
Ich geh zum Kampfe, munter wie zur Lust,
Denn Ruhe wohnt in einer treuen Brust.

König Richard.

Gehabt euch wohl: ich kann genau erspähn,
Wie Muth und Tugend aus dem Aug euch sehn. —
Befehlt den Zweykampf, Marschall, und beginnt.

Der König und die Herren kehren zu ihren Sitzen zurück.

Lord Marschall.

Heinrich von Hereford, Lancaster und Derby,
Empfang die Lanz' und schütze Gott dein Recht!

Bolingbroke aufstehend.

Stark wie ein Thurm in Hoffnung, ruf' ich Amen.

Lord Marschall zu einem Beamten.

Bring diese Lanz' an Thomas, Norfolks Herzog.

Erster Herold.

Heinrich von Hereford, Lancaster und Derby
Steht hier für Gott, für seinen Herrn und sich,
Bey Strafe falsch und ehrlos zu erscheinen.
Um darzuthun, dem Thomas Mowbray, Herzog
Von Norfolk, daß er schuldig des Verraths
An Gott, an seinem König und an ihm,
Und fodert ihn zu dem Gefecht heraus.

Zweyter Herold.

Hier stehet Thomas Mowbray, Norfolks Herzog,
Bey Strafe falsch und ehrlos zu erscheinen,
Sich zu vertheidigen und darzuthun,
Heinrich von Hereford, Lancaster und Derby
Treulos an Gott, an seinem Herrn und ihm:
Mit williger Begehr und wohlgemuth
Erwartend nur das Zeichen zum Beginn.

Lord Marschall.

Trompeten blast! und Streiter macht euch auf!

(Es wird zum Angriff geblasen.)

Noch halt! der König wirft den Stab herunter.

König Richard.

Laßt sie beyseit die Helm und Speere legen,
Und beyde wiederkehren zu dem Sitz.
Zurück mit uns! und laßt Trompeten schallen,
Weil den Partey'n wir unsern Schluß verkünden.

(Ein langer Trompetenstoß.)

(Zu den Streitern.) Heran!

Und horcht, was wir gethan mit unserm Rath.
Auf daß nicht unsers Reiches Boden werde
Befleckt mit theurem Blut, das er genährt;
Weil unser Aug den grausen Anblick scheut
Von Wunden, aufgepflügt durch Nachbarschwerter;
Und weil uns dünkt, der stolze Adlerflug
Ehrsücht'ger, himmelstrebender Gedanken,
Und Neid, der jeden Nebenbuhler haßt,
Hab' euch gereizt, zu wecken unsern Frieden,
Der in der Wiege unsers Landes schöpft
Den süßen Kindes-Odem linden Schlafs:
Der, aufgerüttelt so von lärm'gen Trommeln,
Samt heiserer Trompeten furchtbarm Schmettern,
Und dem Geklirr ergrimmter eherner Wehr,
Aus unsern stillen Gränzen schrecken möchte
Den holden Frieden, und uns waten machen
In unsrer eignen Anverwandten Blut; —
Drum bannen wir aus unsern Landen euch:
Ihr, Vetter Hereford, sollt bey Todesstrafe,
Bis unsre Au'n zehn Sommer neu geschmückt,
Nicht wiedergrüßen unser schön Gebiet,
Und fremde Pfade der Verbannung treten.

Bolingbroke.

Gescheh eu'r Wille! dieß muß Trost mir seyn,
Die Sonne, die hier wärmt, giebt dort auch
Schein;
Und dieser goldne Strahl, euch hier geliehn,
Wird auch um meinen Bann vergüldend glühn.

König Richard.

Norfolk, dein wartet ein noch härtrer Spruch,
Den ich nicht ohne Widerwillen gebe.
Der Stunden leise Flucht soll nicht bestimmen
Den gränzenlosen Zeitraum deines Banns;
Das hoffnungslose Wort: nie wiederkehren, —
Sprech' ich hier wider dich bey Todesstrafe.

Norfolk.

Ein harter Spruch, mein höchster Lehensherr,
Ganz unversehn aus Eurer Hoheit Mund.
Willkommnern Lohn, nicht solche tiefe Schmach,
Daß man mich ausstößt in die weite Welt,
Hab' ich verdient von Seiten Eurer Hoheit.
Die Sprache, die ich vierzig Jahr gelernt,
Mein mütterliches Englisch, muß ich nun
Verlassen, und mir hilft nun meine Zunge
Nicht mehr als eine Harfe ohne Saiten,
Ein künstlich Instrument, das eingeschlossen,
Oder, aufgethan, in dessen Hände kömmt,
Der keinen Griff kennt, seinen Ton zu stimmen.
Ihr habt die Zung' in meinen Mund gekerkert,
Der Zähn' und Lippen doppelt Gatter vor;
Und dumpfe dürftige Unwissenheit
Ist mir zum Kerkermeister nun gegeben.
Ich bin zu alt, der Amme liebzukosen,
Zu weit in Jahren, Zögling noch zu seyn:
Was ist dein Urtheil denn als stummer Tod,
Das eignen Hauch zu athmen mir verbot?

König Richard.

Es hilft dir nicht in Wehmuth zu verzagen,
Nach unserm Spruche kommt zu spät das Klagen.

Norfolk.

So wend' ich mich vom lichten Vaterland,
In ernste Schatten ew'ger Nacht gebannt.
(Er entfernt sich.)

König Richard.

Komm wieder, nimm noch einen Eid mit dir.
Legt auf dieß königliche Schwert die Hände,
Schwört bey der Pflicht, die ihr dem Himmel schuldig,
(Denn unser Theil dran ist mit euch verbannt)
Den Eid zu halten, den wir auferlegen.
Nie sollt ihr, so euch Gott und Wahrheit helfe!
Mit Lieb' in der Verbannung euch begegnen,
Noch einer in des andern Antliz sehn,
Noch jemals schreiben, grüßen, noch besänft'gen
Das Wetter eures heim-erzeugten Hasses,
Noch euch mit überlegtem Anschlag treffen,
Um übles auszusinnen gegen uns
Und unsre Unterthanen, Staat und Land.

Bolingbroke.

Ich schwöre.

Norfolk.

Und ich auch, all dieß zu halten.

Bolingbroke.

Norfolk, so weit sichs ziemt mit meinem Feinde:—
Um diese Zeit, ließ es der König zu,
Irrt' in der Luft schon eine unsrer Seelen,
Verbannt aus dem hinfäll'gen Grab des Fleisches,
Wie unser Fleisch verbannt nun aus dem Lande.
Bekenne den Verrath, eh du entweichst,
Weil du so weit zu gehn hast, nimm nicht mit
Die schwere Bürde einer schuld'gen Seele.

Norfolk.

Nein, Bolingbroke, war ich Verräther je,
So sey mein Nam' getilgt vom Buch des Lebens
Und ich verbannt vom Himmel wie von hier.
Doch wer du bist, weiß Gott und du und ich.
Und nur zu bald wird es den König reun.
Lebt wohl, mein Fürst! — Nicht fehlgehn kann ich jetzt,
Die weite Welt ist mir zum Ziel gesetzt. (ab.)

König Richard.

Oheim, ich seh' im Spiegel deiner Augen
Dein tiefbekümmert Herz; dein traur'ger Anblick
Hat vier aus seiner Zahl verbannter Jahre
Entrückt: — (Zu Bolingbroke) sobald sechs frost'ge Winter aus,
Kehr du willkommen aus dem Bann nach Haus.

Bolingbroke.

Wie lange Zeit liegt in so kleinem Wort!

Vier träge Winter und vier lust'ge Mayen
Beschließt ein Wort, wenn Kön'ge Kraft ihm leihen.

Gaunt.

Dank meinem Fürsten, daß er mir zu lieb
Vier Jahre meines Sohns Verbannung kürzt!
Allein ich ernte wenig Frucht davon.
Denn ehe die sechs Jahr', so ihm bestimmt,
Die Monde wandeln und den Lauf vollenden,
Erlischt in ew'ger Nacht mein schwindend Licht,
Die Lampe, der vor Alter Öl gebricht;
Mit meinem Endchen Kerze ists geschehn,
Und blinder Tod läßt mich den Sohn nicht sehn.

König Richard.

Ey, Oheim, du hast manches Jahr zu leben.

Gaunt.

Nicht 'ne Minute, Herr, die du kannst geben.
Verkürzen kannst du meine Tag' in Sorgen,
Mir Nächte rauben, leihn nicht einen Morgen;
Du kannst der Zeit wohl helfen Furchen ziehn,
Doch ebnen keine Falt' in ihrem Fliehn:
Dein Wort gilt ihr zu meinem Tod sogleich,
Doch, todt, schafft keinen Odem mir dein Reich.

König Richard.

Dein Sohn ist weisem Rath gemäß verbannt,
Wozu dein Mund ein Miturtheil gegeben:
Nun scheinst du finster auf das Recht zu schaun?

Gaunt.

Was süß schmeckt, wird oft bitter beym Verdaun.
Ihr setztet mich als Richter zum Berather;
O hießt ihr doch mich reden wie ein Vater!
Wär' er mir fremd gewesen, nicht mein Kind,
So war ich milder seinem Fehl gesinnt.
Parteyen-Leumund sucht' ich abzuwenden,
Und mußte so mein eignes Leben enden
Stets sah ich aus, ob keiner spräche nun,
Ich sey zu streng, was mein, so wegzuthun;
Doch der unwill'gen Zung' habt ihr erlaubt,
Daß sie mich wider Willen so beraubt.

König Richard.

Vetter, lebt wohl! — und, Oheim, sorgt dafür:
Sechs Jahr' ist er verbannt, und muß von hier.

(Trompetenstoß. König Richard und Gefolge ab.)

Aumerle.

Vetter, lebt wohl! Was Gegenwart verwehrt
Zu sagen, melde Schrift, von da wo ihr verkehrt.

Lord Marschall.

Kein Abschied, gnäd'ger Herr! denn ich will reiten,
So weit das Land verstattet, euch zur Seiten.

Gaunt.

O zu was Ende sparst du deine Worte,
Daß du den Freunden keinen Gruß erwiederst?

Bolingbroke.

Zu wen'ge hab ich um von euch zu scheiden,

Da reichlich Dienst die Zunge leisten sollte,
Des Herzens vollen Jammer auszuathmen.

Gaunt.

Dein Gram ist nur Entfernung für 'ne Zeit.

Bolingbroke.

Lust fern, Gram gegenwärtig für die Zeit.

Gaunt.

Was sind sechs Winter? Sie sind bald dahin.

Bolingbroke.

Im Glück, doch Gram macht zehn aus einer Stunde.

Gaunt.

Nenns eine Reise, bloß zur Lust gemacht.

Bolingbroke.

Mein Herz wird seufzen, wenn ichs so misnenne,
Und findet es gezwungne Pilgerschaft.

Gaunt.

Den traur'gen Fortgang deiner müden Tritte
Acht' einer Folie gleich, um drein zu setzen
Das reiche Kleinod deiner Wiederkehr.

Bolingbroke.

Nein, eher wird mich jeder träge Schritt
Erinnern, welch ein Stück der Welt ich wandre
Von den Kleinodien meiner Liebe weg.
Muß ich nicht eine lange Lehrlingschaft
Auf fremden Bahnen dienen, und am Ende,
Bin ich nun frey, mich doch nichts weiter rühmen,
Als daß ich ein Gesell des Grames war?

Gaunt.

Ein jeder Platz, besucht vom Aug des Himmels,
Ist Glückes-Hafen einem weisen Mann.
Lehr deine Noth die Dinge so betrachten;
Es kommt der Noth ja keine Tugend bey.
Denk nicht, daß dich der König hat verbannt,
Nein, du den König: Leid sitzt um so schwerer,
Wo es bemerkt, daß man nur schwach es trägt.
Geh, sag, daß ich dich ausgesandt nach Ehre,
Nicht, daß der Fürst dich bannte, oder glaube
Verschlingend hänge Pest in unsrer Luft,
Und du entfliehst zu einem reinern Himmel.
Was deine Seele werth hält, stell dir vor
Da, wo du hingehst, nicht woher du kommst,
Die Singevögel halt für Musikanten,
Das Gras für ein bestreutes Prunkgemach,
Für schöne Frau'n die Blumen, deine Tritte
Für nichts als einen angenehmen Tanz:
Denn knirschend Leid hat minder Macht zu nagen
Den, der es höhnt, und nichts danach will fragen.

Bolingbroke.

O wer kann Feu'r dadurch in Händen halten,
Daß er den frost'gen Kaukasus sich denkt?
Und wer des Hungers gier'gen Stachel dämpfen
Durch bloße Einbildung von einem Mahl?
Wer nackend im Dezemberschnee sich wälzen,
Weil er fantast'sche Sommerglut sich denkt?

O nein! die Vorstellung des Guten giebt
Nur desto stärkeres Gefühl des Schlimmern;
Nie zeugt des Leides grimmer Zahn mehr Gift,
Als wenn er nagt, doch durch und durch nicht trifft.

Gaunt.

Komm, komm, mein Sohn! daß ich den Weg dir weise;
So jung wie du, verschöb' ich nicht die Reise.

Bolingbroke.

Leb wohl denn, Englands Boden! süße Erde,
Du Mutter, Wärterin, die noch mich trägt!
Wo ich auch wandre, bleibt der Ruhm mein Lohn:
Obschon verbannt, doch Englands ächter Sohn.

(Alle ab.)

Vierte Szene.

Coventry. Ein Zimmer in des Königs Schloß.

König Richard, Bagot, und Green treten auf; Aumerle nach ihnen.

König Richard.

Wir merkten's wohl. — Vetter Aumerle, wie weit
Habt ihr den hohen Hereford noch begleitet?

Aumerle.

Den hohen Hereford, wenn ihr so ihn nennt,
Bracht' ich zur nächsten Straß', und ließ ihn da.

König Richard.

Und wandtet ihr viel Abschiedsthränen auf?

Aumerle.

Ich keine, traun; wenn der Nordostwind nicht,
Der eben schneidend ins Gesicht uns blies,
Die Feuchtigkeit erregt', und so vielleicht
Dem hohlen Abschied eine Thräne schenkte.

König Richard.

Was sagte unser Vetter, als ihr schiedet?

Aumerle.

Leb wohl.
Doch weil mein Herz verschmähte, daß die Zunge
Dieß Wort so sollt' entweihn, so lernt' ich schlau
Von solchem Jammer mich belastet stellen,
Daß meine Wort' in Leid begraben schienen.
Hätt' ihm das Wort »Lebwohl« verlängt die Stunden,
Und Jahre zu dem kurzen Bann gefügt,
So hätt' er einen Bandvoll haben sollen;
Doch weils dazu nicht half, gab ich ihm keins.

König Richard.

Er ist mein Vetter, Vetter; doch wir zweifeln,
Wenn heim vom Bann die Zeit ihn rufen wird,
Ob er die Freunde dann zu sehen kommt.
Wir selbst und Bushy, Bagot hier und Green,
Sahn sein Bewerben beym geringen Volk,
Wie er sich wollt' in ihre Herzen drängen

Mit

Mit traulicher, demüth'ger Höflichkeit;
Was für Verehrung er an Knechte wegwarf,
Handwerker mit des Lächelns Kunst gewinnend,
Und ruhigem Ertragen seines Looses,
Als wollt' er ihre Neigung mit verbannen.
Vor einem Austerweib zieht er die Mütze,
Ein Paar Karrnzieher grüßten: »Gott geleit' euch!«
Und ihnen ward des schmeid'gen Knie's Tribut,
Nebst: »Dank, Landsleute! meine güt'gen Freunde!«
Als hätt' er Anwartschaft auf unser England,
Und wär der Unterthanen nächste Hoffnung.

Green.

Gut, er ist fort, und mit ihm diese Plane.
Nun die Rebellen, die in Irland stehn! —
Entschloßne Führung gilt es da, mein Fürst,
Eh weitres Zögern weit're Mittel schafft,
Zu ihrem Vortheil und Eur Hoheit Schaden.

König Richard.

Wir wollen in Person zu diesem Krieg.
Und weil die Kisten, durch zu großen Hof
Und freyes Spenden, etwas leicht geworden,
So sind wir unser königliches Reich
Genöthigt zu verpachten; der Ertrag
Soll unser jetziges Geschäft bestreiten.
Reicht das nicht hin, so sollen die Verwalter
Zu Hause leer gelaßne Briefe haben,
Worein sie, wen sie ausgespürt als reich,

Mit großen Summen Golds einschreiben sollen,
Für unsre Nothdurft sie uns nachzusenden,
Denn unverzüglich wollen wir nach Irland.

Bushy kommt.

Bushy, was giebts?

Bushy.

Der alte Gaunt liegt schwer danieder, Herr,
Plötzlich erkrankt, und sendet eiligst her,
Daß Eure Majestät ihn doch besuche.

König Richard.

Wo liegt er?

Bushy.

Zu Ely-House.

König Richard.

Gieb, Himmel, seinem Arzt nun in den Sinn,
Ihm augenblicklich in sein Grab zu helfen!
Die Füttrung seiner Koffer soll zu Röcken
Der Truppen dienen im Irländschen Krieg. —
Kommt, Herrn! gehn alle wir ihn zu besuchen,
Und gebe Gott, wir eilen schon zu spät!

(Alle ab.)

Zweyter Aufzug.

Erste Szene.

London. Ein Zimmer in Ely-House.

Gaunt auf seinem Ruhbett; der Herzog von York und Andre um ihn her stehend.

Gaunt.

Sagt, kommt der König? daß mein letzter Hauch
Heilsamer Rath der flücht'gen Jugend sey.

York.

Quält euch nicht selbst, noch greift den Odem an,
Denn ganz umsonst kommt Rath zu seinem Ohr.

Gaunt.

O sagt man doch, daß Zungen Sterbender
Wie tiefe Harmonie Gehör erzwingen.
Wo Worte selten, haben sie Gewicht:

Denn Wahrheit athmet, wer schwer athmend spricht
Nicht der, aus welchem Lust und Jugend schwätzt.
Der wird gehört, der bald nun schweigen muß;
Beachtet wird das Leben mehr zuletzt.
Der Sonne Scheiden, und Musik am Schluß,
Bleibt, wie der letzte Schmack von Süßigkeiten,
Mehr im Gedächtniß als die frühern Zeiten.
Wenn Richard meines Lebens Rath verlor,
Des Todes Warnung trifft vielleicht sein Ohr.

York.

Nein, das verstopfen andre Schmeicheltöne:
Als Rühmen seines Prunks; dann giebt es da
Verbuhlte Weisen, deren gift'gem Ton
Das offne Ohr der Jugend immer lauscht;
Bericht von Moden aus dem stolzen Welschland,
Deß Sitten unser blöd' und äffisch Volk
In schnöder Nachahmung beständig nachhinkt.
Wo treibt die Welt eine Eitelkeit ans Licht,
(Sey sie nur neu, so fragt man nicht wie schlecht)
Die ihm nicht schleunig würd' ins Ohr gesummt?
Zu spät kommt also Rath, daß man ihn höret,
Wo sich der Wille dem Verstand empöret.
Den leite nicht, der seinen Weg sich wählt,
Denn du verschwendest Odem, der dir fehlt.

Gaunt.

Ich bin ein neu begeisterter Prophet,
Und so weißag' ich über ihn, verscheidend:

Sein wildes, wüstes Brausen kann nicht dauern,
Denn heft'ge Feuer brennen bald sich aus;
Ein sanftes Schau'r hält an, ein Wetter nicht,
Wer frühe spornt, ermüdet früh sein Pferd,
Und Speis' erstickt den, der zu hastig speist.
Die Eitelkeit, der nimmersatte Geyer,
Fällt nach verzehrtem Vorrath selbst sich an.
Der Königsthron hier, dieß gekrönte Eiland,
Dieß Land der Majestät, der Sitz des Mars,
Dieß zweyte Eden, halbe Paradies,
Dieß Bollwerk, das Natur für sich erbaut,
Der Ansteckung und Hand des Kriegs zu trotzen,
Dieß Volk des Segens, diese kleine Welt,
Dieß Kleinod, in die Silbersee gefaßt,
Die ihr den Dienst von einer Mauer leistet,
Von einem Graben, der das Haus vertheidigt,
Vor weniger beglückter Länder Neid;
Der segensvolle Fleck, dieß Reich, dieß England,
Die Amm' und schwangre Schooß von Königen,
Furchtbar durch ihr Geschlecht, hoch von Geburt,
So weit vom Haus berühmt für ihre Thaten,
Für Christen-Dienst und ächte Ritterschaft,
Als fern im starren Judenthum das Grab
Des Weltheilandes liegt, der Jungfrau Sohn:
Dieß theure, theure Land so theurer Seelen,
Durch seinen Ruf in aller Welt so theuer,
Ist nun in Pacht, — ich sterbe da ichs sage, —

Gleich einem Landgut oder Meyerhof.
Ja, England, ins glorreiche Meer gefaßt,
Deß Felsenstrand die neidische Belagrung
Des wässrigen Neptunus schlägt zurück,
Ist nun in Schmach gefaßt, mit Dintenflecken
Und Schriften auf verfaultem Pergament.
England, das andern obzusiegen pflegte,
Hat schmählich über sich nun Sieg erlangt.
O wich das Ärgerniß mit meinem Leben,
Wie glücklich wäre dann mein naher Tod!

König Richard, die Königin, Aumerle, Bushy, Green, Bagot, Roß und Willoughby kommen.

York.

Da kömmt der König: geht mit seiner Jugend
Nur glimpflich um; denn junge hitz'ge Füllen,
Tobt man mit ihnen, toben um so mehr.

Königin.

Was macht mein edler Oheim Lancaster?

König Richard.

Nun, Freund, wohlauf? was macht der alte Gaunt?

Gaunt.

O wie der Name meinem Zustand ziemt!
Wohl Gaunt: der Tod wird meinen Leib vergaunten;

Und alter Gaunt, der längst den Gant erwartet.
In Sorg' um England zehrt' ich mein Vermögen,
Mein bestes nahmst du mit dem Sohn mir weg:
Nun machen böse Gläub'ger, Krankheit, Alter,
Am alten Gaunt ihr altes Gantrecht gültig,
Da wird er in sein Ganthaus Grab gebracht,
Wo nichts von ihm zurückbleibt, als Gebein.

König Richard.

Und spielen Kranke so mit ihren Namen?

Gaunt.

Nein, Elend liebt es, über sich zu spotten.
Weil du den Namen tödten willst mit mir,
Schmeichl' ich, sein spottend, großer König, dir.

König Richard.

So schmeichelt der, der stirbt, dem, der am Leben?

Gaunt.

Nein, der am Le[illegible] schmeichelt dem, der stirbt.

König Richard.

Du, jetzt im Sterben, sagst, du schmeichelst mir.

Gaunt.

O nein! du stirbst, bin ich schon kränker hier.

König Richard.

Ich bin gesund, ich athm', und seh dich schlimm.

Gaunt.

Der dich erschaffen, weiß, ich seh dich schlimm;
Schlimm, da ich selbst mich seh, und auch dich
sehend, schlimm.

Dein Todbett ist nicht kleiner als das Land,
Worin du liegst, in dem Gerüchte krank;
Und du, sorgloser Kranker, wie du bist,
Vertrauest den gesalbten Leib der Pflege
Derselben Ärzte, die dich erst verwundet.
In deiner Krone sitzen tausend Schmeichler,
Da ihr Bezirk nicht weiter als dein Haupt.
Und doch, genistet in so engem Raum,
Verpraßten sie nicht minder als dein Land.
O daß dein Vorfahr mit prophet'schem Auge
Gesehen hätte, wie sein Sohnes Sohn
Vernichten würde seine Söhn', er hätte
Dir deine Schande aus dem Weg geräumt,
Dich abgesetzt vor deiner Einsetzung,
Der eingesetzt nun, selbst sich abzusetzen.
Ey, Vetter, wärst du auch Regent der Welt,
So wär es Schande, dieses Land verpachten;
Doch, um die Welt! da du dieß Land nur hast,
Ist es nicht mehr als Schand', es so zu schänden?
Landwirth von England bist du nun, nicht König;
Gesetzes Macht dient knechtisch dem Gesetz,
Und —

König Richard.

Du, ein blöder und mondsücht'ger Narr,
Auf eines Fiebers Vorrecht dich verlassend,
Darfst uns mit deinen frost'gen Warnungen
Die Wangen bleichen, unser fürstlich Blut

Vor Zorn aus seinem Aufenthalt verjagend?
Bey meines Thrones hoher Majestät!
Wärst du nicht Bruder von des großen Eduard
Sohn,
Die Zunge, die so wild im Kopf dir wirbelt,
Trieb dir den Kopf von den verwegnen Schultern.

Gaunt.

O schone mein nicht, Bruder Eduards Sohn,
Weil ich ein Sohn von seinem Vater Eduard.
Du hast das Blut ja, wie der Pelikan,
Schon abgezapft und trunken ausgezecht.
Mein Bruder Gloster, schlichte biedre Seele,
Dem's wohl im Himmel unter Sel'gen geh!
Kann uns ein Vorbild seyn und guter Zeuge,
Daß ohne Scheu du Eduards Blut vergießest.
Mach du mit meiner Krankheit einen Bund,
Dein harter Sinn sey wie gekrümmtes Alter,
Und mähe rasch die längst verwelkte Blume.
Leb' in der Schmach! Schmach sterbe nicht mit dir!
Einst sey dein Quäler dieses Wort von mir!
Bringt mich ins Bett, dann sollt ihr mich begraben:
Laßt leben die, so Lieb' und Ehre haben.

(Er wird von den Bedienten weggetragen.)

König Richard.

Und sterben die, so Laun' und Alter haben;
Denn beydes hast du, beydes sey begraben.

York.

Ich bitt' Eur Majestät, schreibt seine Worte

Der mürrschen Krankheit und dem Alter zu.
Er liebt und hält euch werth, auf meine Ehre!
Wie Heinrich Hereford, wenn er hier noch wäre.

König Richard.

Recht! Herefords Liebe kommt die seine bey,
Der ihren mein', und alles sey wie's sey.

Northumberland kommt.

Northumberland.

Der alte Gaunt empfiehlt sich Eurer Majestät.

König Richard.

Was sagt er?

Northumberland.

Gar nichts; alles ist gesagt:
Die Zung' ist ein entsaitet Instrument,
Welt, Leben, alles hat für ihn ein End.

York.

Sey York der nächste, dem es so ergeh!
Ist Tod schon arm, er endigt tödlich Weh.

König Richard.

Er fiel wie reife Früchte; seine Bahn
Ist aus, doch unsre Wallfahrt hebt erst an.
So viel hievon. — Nun von dem Krieg in Irland!
Man muß die rauhen Strudelköpfe zähmen,
Die so wie Gift gedeihn, wo sonst kein Gift,
Als sie allein, das Vorrecht hat zu leben.

Und weil dieß große Werk nun Aufwand fodert,
So ziehen wir zu unserm Beystand ein
Das Silberzeug, Geld, Renten und Geräth,
Was unser Oheim Gaunt besessen hat.

York.

Wie lang bin ich geduldig? Ach wie lang
Wird zarte Pflicht ertragen solchen Zwang?
Nicht Glosters Tod, noch die Verbannung Herefords,
Gaunts Kränkungen, Englands besondre Klagen,
Die Hinderung des armen Bolingbroke
Bey seiner Heirath, meine eigne Schmach,
Ließ je die Wangen mich verziehn, noch Runzeln
Hinwenden auf das Antliz meines Fürsten.
Ich bin des edlen Eduards Söhne letzter,
Wovon dein Vater, Prinz von Wales, der erste.
Im Krieg war kein ergrimmter Leu je kühner,
Im Frieden war kein sanftes Lamm je milder,
Als dieser junge, prinzlich edle Herr.
Du hast sein Angesicht, so sah er aus,
Als er die Anzahl deiner Tag' erfüllt.
Doch wenn er finster sah, wars gegen Franken,
Nicht gegen Freunde; seine edle Hand
Gewann was er hinweggab, gab nicht weg
Was des glorreichen Vaters Hand gewonnen.
Er war nicht schuldig an Verwandten Blut,
Nur blutig gegen Feinde seines Stamms.

O Richard! York ist allzutief im Kummer,
Sonst stellt' er nimmer die Vergleichung an.

König Richard.

Nun, Oheim! was bedeutets?

York.

O mein Fürst,
Verzeiht mir, wenn es euch gefällt; wo nicht,
Nun, so gefällt mirs, daß ihr nicht verzeiht.
Wollt ihr in Anspruch nehmen, an euch reißen
Die Lehn' und Rechte des verbannten Hereford?
Ist Gaunt nicht todt, und lebt nicht Hereford noch?
War Gaunt nicht redlich? ist nicht Heinrich treu?
Verdiente nicht der eine einen Erben?
Ist nicht sein Erb' ein wohlverdienter Sohn?
Nimm Herefords Rechte weg, und nimm der Zeit
Die Privilegien und gewohnten Rechte;
Laß Morgen denn auf Heute nicht mehr folgen;
Sey nicht du selbst, denn wie bist du ein König,
Als durch gesetzte Folg' und Erblichkeit?
Nun denn, bey Gott! — wenn ihr, was Gott verhüte! —
Gewaltsam euch der Rechte Herefords anmaßt,
Die Gnadenbriefe einzieht, die er hat,
Um mittelst seiner Anwald' anzuhalten,
Daß ihm das Lehn von neuem werd' ertheilt;
Und die erbotne Huldigung verweigert:
So zieht ihr tausend Sorgen auf eu'r Haupt,

Büßt tausend wohlgesinnte Herzen ein,
Und reizt mein zärtlich Dulden zu Gedanken,
Die Ehr' und schuld'ge Treu nicht denken darf.

König Richard.

Denkt, was ihr wollt: doch fällt in meine Hand
Sein Silberzeug, sein Geld, sein Gut und Land.

York.

Lebt wohl, mein Fürst! Ich will es nicht mit sehn,
Weiß niemand doch, was hieraus kann entstehn.
Doch zu begreifen ists bey bösen Wegen,
Daß sie am Ende nie gedeihn zum Segen. (ab.)

König Richard.

Geh, Bushy, geh zum Graf van Wiltshire gleich,
Heiß ihn nach Ely House sich her verfügen
Und dieß Geschäft versehn. Auf nächsten Morgen
Gehn wir nach Irland, und fürwahr! 's ist Zeit;
Und wir ernennen unsern Oheim York
In unserm Abseyn zum Regenten Englands,
Denn er ist redlich, und uns zugethan. —
Kommt, mein Gemahl! wir müssen morgen scheiden,
Die Zeit ist kurz, genießt sie noch in Freuden.

Trompetenstoß. König, Königin, Aumerle, Bushy, Green und Bagot ab.

Northumberland.

Nun, Herrn! der Herzog Lancaster ist todt.

Roß.

Und lebend auch: nun ist sein Sohn der Herzog.

Willoughby.

Doch bloß dem Titel, nicht den Renten nach.

Northumberland.

Nach beyden reichlich, hätte Recht das seine.

Roß.

Mein Herz ist voll, doch muß es schweigend brechen,
Eh es die freye Zung' entlasten darf.

Northumberland.

Ey, sprich dich aus, und spreche der nie wieder,
Der dir zum Schaden deine Worte nachspricht.

Willoughby.

Gilt, was du sagen willst, den Herzog Hereford?
Wenn dem so ist, nur keck heraus damit!
Schnell ist mein Ohr, was gut für ihn, zu hören.

Roß.

Nichts gutes, das ich könnte thun für ihn,
Wenn ihr nicht gut es nennet, ihn bedauern,
Der seines Erbtheils ledig und beraubt.

Northumberland.

Beym Himmel! es ist Schmach, solch Unrecht dulden
An einem Prinzen von Geblüt, an Andern
Aus edlem Stamm in dem gesunknen Land.
Der König ist nicht mehr er selbst, verführt
Von Schmeichlern, und was diese bloß aus Haß
Angeben wider einen von uns allen,

Das setzt der König strenge gegen uns
Und unser Leben, Kinder, Erben durch.

Roß.

Das Volk hat er geschatzt mit schweren Steuern,
Und ganz ihr Herz entfremdet; gebüßt die Edlen
Um alten Zwist, und ganz ihr Herz entfremdet.

Willoughby.

Und neue Pressungen ersinnt man täglich,
Als Anleihn, freye Gaben, und ich weiß nicht was;
Und was, um Gottes Willen, wird daraus?

Northumberland.

Der Krieg verzehrt' es nicht, er führte keinen,
Er gab ja durch Verträge schmählich auf,
Was seine Ahnen mit dem Schwert erworben.
Er braucht im Frieden mehr als sie im Krieg.

Roß.

Der Graf von Wiltshire hat das Reich in Pacht.

Willoughby.

Der König ist zum Bankrottirer worden.

Northumberland.

Beschämung und Verderben hänget über ihm.

Roß.

Er hat kein Geld für diese Krieg' in Irland,
Der drückenden Besteurung ungeachtet,
Wenn der verbannte Herzog nicht beraubt wird.

Northumberland.

Sein edler Vetter, — misgerathner König!

Doch, Herrn, wir hören dieses Wetter pfeifen,
Und suchen keinen Schutz, ihm zu entgehn.
Wir sehn den Wind hart in die Segel drängen,
Und streichen doch nicht, gehen sorglos unter.

Roß.

Wir sehn den Schiffbruch, den wir leiden müssen,
Und unvermeidlich ist nun die Gefahr,
Weil wir die Ursach unsers Schiffbruchs leiden.

Northumberland.

Nein, blickend aus des Todes hohlen Augen,
Erspäh' ich Leben, doch ich darf nicht sagen,
Wie nah die Zeitung unsers Trostes ist.

Willoughby.

Theil mit uns, was du denkst, wie wir mit dir.

Roß.

Sprich unbedenklich doch, Northumberland,
Wir drey sind nur du selbst, und deine Worte
Sind hier nur wie Gedanken: drum sey kühn!

Northumberland.

Dann lautets so: es wird aus Port le Blanc,
Dem Hafen in Bretagne, mir gemeldet,
Daß Heinrich Hereford, Reginald Lord Cobham,
Der Sohn des Grafen Richard Arundel,
Der jüngst vom Herzog Exeter geflüchtet,
Sein Bruder, Erzbischof sonst von Canterbury,
Sir Thomas Erpingham, Sir John Ramston,

Sir John Norbery, Sir Robert Waterton, und
Francis Quoint, —
Daß alle die, vom Herzog von Bretagne
Wohl ausgerüstet mit acht großen Schiffen
Und mit dreytausend Mann, in größter Eil
Hieher sind unterwegs, und kürzlich hoffen
Im Norden unsre Küste zu berühren;
Sie hättens schon gethan, sie warten nur
Des Königs Überfahrt nach Irland ab.
Und sollen wir das Joch denn von uns schütteln,
Des Lands zerbrochnen Flügel neu befiedern,
Die Kron' aus mäkelnder Verpfändung lösen,
Den Staub abwischen von des Szepters Gold,
Daß hohe Majestät sich selber gleiche:
Dann, mit mir fort, in Eil nach Ravenspurg.
Doch solltet ihrs zu thun zu furchtsam seyn,
Bleibt und verschweigt nur, und ich geh' allein.

Roß.

Zu Pferd! zu Pferd! Mit allen Zweifeln fort!

Willoughby.

Hält nur mein Pferd, bin ich der erste dort.

(Alle ab.)

Zweyte Szene.

London. Ein Zimmer im Palaste.

Die Königin, Büshy und Bagot treten auf.

Bushy.

Allzu betrübt ist Eure Majestät.
Verspracht ihr nicht dem König, als er schied,
Die härmende Betrübniß abzulegen,
Und einen frohen Muth euch zu erhalten?

Königin.

Zu lieb dem König that ichs; mir zu lieb
Kann ichs nicht thun, doch hab' ich keinen Grund,
Warum ich Gram als Gast willkommen hieße,
Als daß ich einem süßen Gast wie Richard
Das Lebewohl gesagt: dann denk' ich wieder,
Ein ungebohrnes Leiden, reif im Schooß
Des Glückes, naht mir, und mein Innerstes
Erbebt vor nichts, und grämt sich über was,
Das mehr als Trennung ist von meinem König.

Bushy.

Das Wesen jedes Leids hat zwanzig Schatten,
Die aussehn wie das Leid, doch es nicht sind;
Das Aug des Kummers, überglast von Kummer,
Zertheilt Ein Ding in viele Gegenstände.
Wie ein gefurchtes Bild, grad' angesehn,

Nichts als Verwirrung zeigt, doch, schräg betrachtet,
Gestalt läßt unterscheiden: so entdeckt
Eur holde Majestät, da sie die Trennung
Von dem Gemahl schräg ansieht, auch Gestalten
Des Grams, mehr zu bejammern als er selbst;
Die, grade angesehn, nichts sind als Schatten
Deß, was er nicht ist. Drum, Gebieterin!
Beweint die Trennung, seht nichts mehr darin,
Was nur des Grams verfälschtem Aug' erscheint,
Das eingebildetes als wahr beweint.

Königin.

Es mag so seyn, doch überredet mich
Mein Innres, daß es anders ist; wie dem auch sey,
Ich muß betrübt seyn, und so schwer betrübt,
Daß ich, denk' ich schon nichts, wenn ichs bedenke,
Um banges Nichts verzage und mich kränke.

Bushy.

Es sind nur Grillen, theure gnäd'ge Frau.

Königin.

Nichts weniger: denn Grillen stammen immer
Von einem Vater Gram; nicht so bey mir:
Denn Nichts erzeugte meinen Gram mir, oder
Etwas das Nichts, worüber ich mich gräme.
Nur in der Anwartschaft besitz' ich noch,
Doch was es ist, kann ich nicht nennen, eh
Als es erscheint: 's ist namenloses Weh.

Green kommt.

Green.

Heil Eurer Majestät! — und wohl getroffen, Herrn!
Der König, hoff' ich, ist nach Irland noch
Nicht eingeschifft?

Königin.

Weswegen hoffst du das?
Es ist ja beßre Hoffnung, daß ers ist,
Denn Eil verlangt sein Werk, die Eile Hoffnung.
Was hoffst du denn, er sey nicht eingeschifft?

Green.

Damit er, unsre Hoffnung, seine Macht
Zurückzieh' und des Feindes Hoffnung schlage,
Der stark in diesem Lande Fuß gefaßt.
Zurück vom Bann ruft Bolingbroke sich selbst,
Und ist mit drohnden Waffen angelangt
Zu Ravenspurg.

Königin.

Verhüt' es Gott im Himmel!

Green.

O es ist allzu wahr! und, was noch schlimmer,
Der Lord Northumberland, Percy sein junger Sohn,
Die Lords von Roß, Beaumond und Willoughby,
Samt mächt'gem Anhang, sind zu ihm geflohn.

Bushy.

Warum erklärtet ihr Northumberland,
Und der empörten Rotte ganzen Rest,
Nicht für Verräther?

Green.

Wir thaten es, worauf der Graf von Worcester
Den Stab gebrochen, sein Hofmeisterthum
Hat aufgegeben, und das Hofgesinde
Sämtlich mit ihm zum Bolingbroke entflohn.

Königin.

So, Green, du bist Wehmutter meines Wehs,
Und Bolingbroke ist meines Kummers Sohn.
Nun ist der Seele Misgeburt erschienen,
Mir keichenden und neu entbundnen Mutter
Ist Weh auf Weh, und Leid auf Leid gehäuft.

Bushy.

Fürstin, verzweifelt nicht.

Königin.

Wer will mirs wehren?
Ich will verzweifeln, und will Feindschaft halten
Mit falscher Hoffnung, dieser Schmeichlerin,
Schmarotzerin, Rückhalterin des Todes,
Der sanft des Lebens Bande lösen möchte,
Das Hoffnung hinhält in der höchsten Noth.

York tritt auf.

Green.

Da kommt der Herzog York.

Königin.

Mit Kriegeszeichen um den alten Nacken.
O voll Geschäft und Sorgen ist sein Blick! —
Oheim, um Gottes willen, sprecht Trostesworte!

York.

Thät' ich es, so belög' ich die Gedanken.
Trost wohnt im Himmel, und wir sind auf Erden,
Wo nichts als Kreuz, als Sorg' und Kummer
lebt.
Eur Gatt' ist fort, zu retten in der Ferne,
Da Andre ihn zu Haus zu Grunde richten.
Das Land zu stützen, blieb ich hier zurück,
Der ich, vor Alter schwach, mich selbst kaum halte:
Nun kommt nach dem Gelag die kranke Stunde,
Nun wird er seine Schmeichler-Freunde prüfen.

Ein Bedienter kommt.

Bedienter.

Herr, euer Sohn war fort, schon eh ich kam.

York.

War er? — Nun ja! — Geh alles, wie es will!
Die Edlen die sind fort, die Bürger die sind kalt,
Und werden, fürcht' ich, sich zu Hereford schlagen. —
He, Bursch!
Nach Plashy auf, zu meiner Schwester Gloster!
Heiß sie unverzüglich tausend Pfund mir schicken.
Da hier, nimm meinen Ring.

Bedienter.

Herr, ich vergaß, Eur Gnaden es zu sagen:
Heut als ich da vorbeykam, sprach ich vor, —
Allein ich kränk' euch, wenn ich weiter melde.

York.

Was ist es, Bube?

Bedienter.

Die Herzogin war todt seit einer Stunde.

York.

Gott sey uns gnädig! Welche Flut des Wehs
Bricht auf dieß wehevolle Land herein!
Ich weiß nicht, was ich thun soll. — Wollte Gott
(Wo ich durch Untreu nur ihn nicht gereizt)
Der König hätte mir wie meinem Bruder
Das Haupt abschlagen lassen! — Wie, sind noch
Keine Eilboten abgeschickt nach Irland? —
Wie schaffen wir zu diesen Kriegen Geld? —
Kommt, Schwester! — Nichte, wollt' ich sagen, —
o verzeiht!

(Zu dem Bedienten.)

Geh, Bursch! mach dich nach Haus, besorge
Wagen,
Und führ' die Waffen weg, die dort noch sind.

(Bedienter ab.)

Ihr Herrn, wollt ihr Leute mustern gehn? —
Wenn ich weiß,
Wie, auf was Art, ich diese Dinge ordne,

So unordentlich in meine Hand geworfen,
So glaubt mir nie mehr. — Beyde sind meine
Vettern,
Der eine mein Oberherr, den mich mein Eid
Und Pflicht vertheid'gen heißt; der andre wieder
Mein Vetter, den der König hat gekränkt,
Den Freundschaft und Gewissen heißt vertreten.
Wohl! etwas muß geschehn. — Kommt, Nichte! ich
Will für euch sorgen. — Ihr Herrn, geht, mustert
eure Leute,
Und trefft mich dann sogleich auf Berkley-Schloß.
Nach Plashy sollt' ich auch: —
Die Zeit erlaubt es nicht; — an allem Mangel,
Und jedes Ding schwebt zwischen Thür und Angel.

(York und die Königin ab.)

Bushy.

Der Wind befördert Zeitungen nach Irland,
Doch keine kommt zurück. Hier Truppen werben,
Verhältnißmäßig mit dem Feinde, ist
Für uns durchaus unmöglich.

Green.

Außerdem
Ist unsre Nähe bey des Königs Liebe
Dem Hasse derer nah, die ihn nicht lieben.

Bagot.

Das ist das wandelbare Volk, deß Liebe
In seinen Beuteln liegt; wer diese leert,
Erfüllt ihr Herz gleich sehr mit bitterm Haß.

Bushy.

Weshalb der König allgemein verdammt wird.

Bagot.

Und wenn sie Urtheil haben, wir mit ihm,
Weil wir dem König immer nahe waren.

Green.

Gut, ich will gleich nach Bristol-Schloß mich flüchten,
Der Graf von Wiltshire ist ja dort bereits.

Bushy.

Dahin will ich mit euch; denn wenig Dienst
Ist zu erwarten vom erbosten Volk,
Als daß sie uns wie Hund' in Stücke reißen.
Wollt ihr uns hin begleiten?

Bagot.

Nein, lebt wohl!
Ich will zu Seiner Majestät in Irland.
Wenn Ahndungen des Herzens mich nicht äffen,
So scheiden drey hier, nie sich mehr zu treffen.

Bushy.

Lebt wohl mit eins! Für einmal und für immer!

Green.

Wir sehn uns wieder wohl.

Bagot.

Ich fürchte, nimmer.

(Alle ab.)

Dritte Szene.

Die Wildniß in Glostershire.

Bolingbroke und Northumberland treten auf mit Truppen.

Bolingbroke.

Wie weit, Herr, haben wir bis Berkley noch?

Northumberland.

Glaubt mir, mein edler Herr,
Ich bin ein Fremdling hier in Glostershire.
Die rauhen Weg' und hohen wilden Hügel
Ziehn unsre Meilen mühsam in die Länge;
Doch, euer schön Gespräch macht wie ein Zucker
Den schweren Weg süß und vergnüglich mir.
Doch ich bedenke, wie so lang der Weg
Von Ravenspurg bis Cotswold dünken wird
Dem Roß und Willoughby, die euer Beyseyn missen,
Das, ich betheur' es, die Verdrießlichkeit
Und Dauer meiner Reise sehr getäuscht.
Zwar ihre wird versüßet durch die Hoffnung
Auf diesen Vorzug, deß ich theilhaft bin;
Und Hoffnung auf Genuß ist fast so viel
Als schon genoßne Hoffnung: dadurch werden
Die müden Herrn verkürzen ihren Weg,

So wie ich meinen durch den Anblick dessen
Was mein ist, eure edle Unterhaltung.

Bolingbroke.

Viel minder werth ist meine Unterhaltung
Als eure guten Worte. Doch wer kommt?

Heinrich Percy kommt.

Northumberland.

Mein Sohn ists, Heinrich Percy, abgeschickt,
Woher es sey, von meinem Bruder Worcester. —
Heinrich, was macht eur Oheim?

Percy.

Ich dachte, Herr, von euch es zu erfahren.

Northumberland.

Ey, ist er denn nicht bey der Königin?

Percy.

Nein, bester Herr, er hat den Hof verlassen,
Des Amtes Stab zerbrochen, und zerstreut
Des Königs Hausgesinde.

Northumberland.

Was bewog ihn?
Das war nicht sein Entschluß, als wir zuletzt uns
sprachen.

Percy.

Weil man Eur Gnaden als Verräther ausrief.
Er ist nach Ravenspurg gegangen, Herr,
Dem Herzog Hereford Dienste anzubieten,

Und sandte mich nach Berkley, zu entdecken,
Was Herzog York für Truppen aufgebracht,
Dann mit Befehl nach Ravenspurg zu kommen.

Northumberland.

Vergaßest du den Herzog Hereford, Knabe?

Percy.

Nein, bester Herr, denn das wird nicht vergessen,
Was niemals im Gedächtniß war: ich sah,
So viel ich weiß, ihn nie in meinem Leben.

Northumberland.

So lern' ihn kennen jetzt: dieß ist der Herzog.

Percy.

Mein gnäd'ger Herr, ich biet' euch meinen Dienst,
So wie er ist, da ich noch roh und jung,
Bis ältre Tage ihn zur Reife bringen,
Und zu bewährterem Verdienst erhöhn.

Bolingbroke.

Ich dank' dir, lieber Percy; sey gewiß,
Daß ich mich selbst durch nichts so glücklich schätze
Als ein Gemüth, das seiner Freunde denkt;
Und wie mein Glück mit deiner Liebe reift,
So sey es stets der treuen Liebe Lohn.
Dieß Bündniß schließt mein Herz, die Hand besiegelts.

Northumberland.

Wie weit ist Berkley, und wie rührt sich dort
Der gute alte York mit seinem Kriegesvolk.

Percy.

Dort steht die Burg bey jenem Haufen Bäume,
Bemannt, so hört' ich, mit dreyhundert Mann.
Und drinnen sind die Lords von York, Berkley
und Seymour,
Sonst keine von Geburt und hohem Rang.

Roß und Willoughby kommen.

Northumberland.

Da sind die Lords von Roß und Willoughby,
Vom Spornen blutig, feurig roth vor Eil.

Bolingbroke.

Willkommen, Herrn! Ich weiß es, eure Liebe
Folgt dem Verbannten und Verräther nach.
Mein ganzer Schatz besteht nur noch in Dank,
Der nicht gespürt wird, aber, mehr bereichert,
Belohnung eurer Lieb' und Treu soll seyn.

Roß.

Eur Beyseyn macht uns reich, mein edler Herr.

Willoughby.

Und übersteigt die Müh es zu erreichen.

Bolingbroke.

Nur immer Dank, des Armen Kasse, die,
Bis mein unmündig Glück zu Jahren kommt,
Für meine Güte bürgt. Doch wer kommt da?

Berkley tritt auf.

Northumberland.

Es ist der Lord von Berkley, wie mich dünkt.

Berkley.

An euch ist meine Bothschaft, Herr von Hereford.

Bolingbroke.

Herr, meine Antwort ist: an Lancaster,
Und diesen Namen such' ich jetzt in England,
Und muß in eurem Mund den Titel finden,
Eh ich, auf was ihr sagt, erwiedern kann.

Berkley.

Herr, misversteht mich nicht; ich meine gar nicht
Zu schmälern Einen Titel eurer Ehre.
Zu euch, Herr, komm' ich, (Herr von was ihr wollt)
Vom rühmlichen Regenten dieses Landes,
Dem Herzog York, zu wissen, was euch treibt,
Von der verlaßnen Zeit Gewinn zu ziehn,
Und unsern heim'schen Frieden wegzuschrecken
Mit selbst geführten Waffen.

York tritt auf, mit Gefolge.

Bolingbroke.

Ich bedarf
Für meine Wort' euch zum Besteller nicht:
Hier kommt er in Person. — Mein edler Oheim
(Er knieet vor ihm.)

York.

Zeig mir dein Herz demüthig, nicht deine Knie,
Deß Ehrbezeugung falsch und trüglich ist.

Bolingbroke.

Mein gnäd'ger Oheim!

York.

Pah! pah!
Nichts da von Gnade, und von Oheim nichts!
Ich bins nicht dem Verräther; das Wort Gnade
In einem sünd'gen Mund ist nur Entweihung.
Warum hat dein verbannter Fuß gewagt
Den Staub von Englands Erde zu berühren?
Noch mehr Warum: warum so viele Meilen
Gewagt zu ziehn auf ihrem milden Busen,
Die bleichen Dörfer schreckend so mit Krieg,
Und mit den Prunk geringgeschätzter Waffen?
Kommst du, weil der gesalbte König fort?
Ey, junger Thor, der König blieb zurück:
In meiner treuen Brust liegt seine Macht.
Wär ich nur jetzt so heißer Jugend voll,
Als da dein wackrer Vater Gaunt und ich
Den schwarzen Prinzen, diesen jungen Mars,
Aus vieler tausend Franken Reihn gerettet:
O dann, wie schleunig sollte dieser Arm,
Der jetzt der Gicht Gefangner, dich bestrafen
Und deinem Fehler Züchtigung ertheilen!

Bolingbroke.

Mein gnäd'ger Oheim, lehrt mich meinen Fehler:
In welchem Namen liegt er, und worin?

York.

In einem Namen von der schlimmsten Art:

In grobem Aufruhr, schändlichem Verrath.
Du bist verbannt und bist hieher gekommmen,
Eh die gesetzte Zeit verstrichen ist,
In Waffen trotzend deinem Oberherrn.

Bolingbroke.

Da ich verbannt ward, galt es mir als Hereford,
Nun da ich komme, ists um Lancaster.
Und, edler Oheim, ich ersuch' Eur Gnaden,
Seht unpartenlich meine Kränkung an.
Ihr seyd mein Vater, denn mich dünkt, in euch
Lebt noch der alte Gaunt: O dann, mein Vater!
Wollt ihr gestatten, daß ich sey verdammt
Als irrer Flüchtling, meine Recht' und Lehn
Mir mit Gewalt entrissen, hingegeben
An niedre Prasser? — Wozu ward ich gebohren?
Sobald mein Vetter Englands König ist,
So folgt auch, daß ich Herzog bin von Lancaster.
Euch ward ein Sohn, Aumerle, mein edler Vetter:
Starbt ihr zuerst, und trat man ihn so nieder,
Sein Oheim Gaunt wär Vater ihm geworden,
Der seine Kränkungen zu Paaren triebe.
Man weigert mir die Muthung meiner Lehn,
Die meine Gnadenbriefe mir gestatten;
Mein Erb wird eingezogen und verkauft,
Und dieß und alles übel angewandt.
Was soll ich thun? Ich bin ein Unterthan,
Und fodre Recht; Anwalde wehrt man mir,

Und darum sprech' ich in Person hier an
Mein Erbtheil, durch Geburt mir zugefallen.

Northumberland.

Der edle Herzog ward zu sehr mishandelt.

Roß.

Eur Gnaden kommt es zu, ihm Recht zu schaffen.

Willoughby.

Mit seinen Gaben macht man Schurken groß.

York.

Ihr Lords von England, laßt mich dieß euch sagen:
Ich fühlte meines Vetters Kränkung wohl,
Und strebte, was ich konnt', ihm Recht zu schaffen;
Doch so in drohnden Waffen herzukommen,
Für sich zugreifen, seinen Weg sich haun,
Nach Recht mit Unrecht gehn, — es darf nicht seyn,
Und ihr, die ihr ihn bey der Art bestärkt,
Hegt Rebellion, und seyd zumal Rebellen.

Northumberland.

Der edle Herzog schwor, er komme bloß
Um das, was sein; und bey dem Recht dazu
Ihn zu beschützen, schworen wir ihm theuer,
Und wer das bricht, dem geh es nimmer wohl.

York.

Gut! gut! ich sehe dieser Waffen Ziel,
Ich kanns nicht ändern, wie ich muß bekennen:

Denn meine Macht ist schwach, und nichts in Ordnung.
Doch könnt' ich es, bey Dem der mich erschaffen!
Ich nähm' euch alle fest, und beugt' euch nieder
Der unumschränkten Gnade unsers Herrn.
Doch da ichs nicht vermag, so sey euch kund,
Ich nehme nicht Partey. Somit lebt wohl,
Wenn es euch nicht beliebt, ins Schloß zu kommen,
Und da für diese Nacht euch auszuruhn.

Bolingbroke.

Wir nehmen, Oheim, dieß Erbieten an.
Wir müssen euch gewinnen, mitzugehn
Nach Bristol-Schloß, das, wie man sagt, besetzt
Von Bushy, Bagot und den Mitgenossen,
Dem gift'gen Wurmfraß des gemeinen Wesens,
Den ich geschworen habe auszurotten.

York.

'S ist möglich, daß ich mit euch geh, — allein noch halt!
Denn ungern thu ich dem Gesetz Gewalt.
Als Freund, als Feind, seyd ihr mir nicht willkommen;
Wo nichts mehr hilft, bin ich der Sorg' entnommen.

(Alle ab.)

Vierte Szene.

Ein Lager in Wales.

Salisbury und ein Hauptmann treten auf.

Hauptmann.

Lord Salisbury, wir warteten zehn Tage,
Und hielten unser Volk mit Müh beysammen,
Doch hören wir vom König keine Zeitung.
Drum wollen wir uns nun zerstreun. Lebt wohl!

Salisbury.

Bleib einen Tag noch, redlicher Walliser,
Der König setzet alle sein Vertraun auf dich.

Hauptmann.

Man glaubt den König todt, wir warten nicht.
Die Lorbeerbäum' im Lande sind verdorrt,
Und Meteore drohn den festen Sternen,
Der blasse Mond scheint blutig auf die Erde,
Hohläugig flüstern Seher furchtbarn Wechsel;
Der Reiche bangt, Gesindel tanzt und springt,
Der, in der Furcht, was er genießt zu missen,
Dieß, zu genießen durch Gewalt und Krieg.
Tod oder Fall von Kön'gen deutet das.
Lebt wohl! Auf und davon sind unsre Schaaren,
Weil für gewiß sie Richards Tod erfahren. (ab.)

Salisbury.

Ach, Richard! mit den Augen banges Muths

Seh ich, wie einen Sternschuß, deinen Ruhm
Vom Firmament zur niedern Erde fallen.
Es senkt sich weinend deine Sonn' im West,
Die nichts als Sturm, Weh, Unruh hinterläßt.
Zu deinen Feinden sind die Freund' entflohn,
Und widrig Glück spricht jeder Mühe Hohn.

(ab.)

Dritter Aufzug.

Erste Szene.

Bolingbroke's Lager zu Bristol.

Bolingbroke, York, Northumberland, Percy, Willoughby, Roß; im Hintergrunde Gerichtsbediente mit Bushy und Green als Gefangnen.

Bolingbroke.

Führt diese Männer vor. —
Bushy und Green, ich will nicht eure Seelen,
Weil sie sogleich vom Leibe scheiden müssen,
Durch Rügung eures Frevlerlebens plagen:
Denn nicht barmherzig wärs; doch um von meiner Hand
Eur Blut zu waschen, will ich öffentlich

Hier ein'ge Gründe eures Tods enthüllen.
Ihr habt misleitet einen edlen Fürsten,
An Blut und Zügen glücklich ausgestattet,
Durch euch verunglückt und entstaltet ganz;
Mit euren sünd'gen Stunden schiedet ihr
Gewissermaßen ihn und sein Gemahl,
Und trübtet einer holden Königin
Die Schönheit ihrer Wangen, mit den Thränen
Die euer Unrecht ihrem Aug' entlockt.
Ich selbst, ein Prinz durch Rechte der Geburt,
Dem König nah im Blut und nah in Liebe,
Bis ihr gemacht, daß er mich misgedeutet,
Mußt' eurem Unrecht meinen Nacken beugen,
In fremde Wolken meinen Odem seufzen,
Und essen der Verbannung bittres Brod;
Indessen ihr geschwelgt auf meine Güter,
Mir die Geheg' enthegt, gefällt die Forste,
Mein Wappen von den Fenstern mir gerissen,
Den Wahlspruch mir verlöscht, kein Zeichen lassend
Als Andrer Meynung und mein lebend Blut,
Der Welt als Edelmann mich darzuthun.
Dieß und viel mehr, viel mehr als zweymal dieß,
Verdammt zum Tod' euch: — laßt sie überliefern
Der Hand des Todes und der Hinrichtung.

Bushy.

Willkommner ist der Streich des Todes mir,
Als Bolingbroke dem Reiche. — Lords, lebt wohl!

Green.

Mein Trost ist, unsre Seelen gehn zum Himmel,
Der mit der Hölle Pein das Unrecht straft.

Bolingbroke.

Mylord Northumberland, schafft sie zum Tod.

Northumberland und Andre mit den Gefangnen ab.

Ihr sagtet, Oheim, daß die Königin
Nach eurem Hause sich begeben hat.
Ums Himmels Willen, laßt ihr gut begegnen.
Sagt ihr, daß ich mich bestens ihr empfehle;
Tragt Sorge, meinen Gruß ihr zu bestellen.

York.

Ich sandte einen meiner Edelleute,
Mit Briefen, die ihr eure Liebe schildern.

Bolingbroke.

Dank, lieber Oheim. — Kommt, ihr Herrn! hinweg!
Mit Glendower und seiner Schaar zu fechten.
Ein Weilchen noch ans Werk: dann Feyertag!

(Alle ab.)

Zweyte Szene.

Die Küste von Wales. Ein Schloß im Prospekt

Trompetenstoß und Kriegsmusik. König Richard, der Bischof von Carlisle und Aumerle treten auf, mit Truppen.

König Richard.
Barkloughly-Schloß nennt ihr das dort zur Hand?

Aumerle.
Ja, gnäd'ger Herr; wie dünket euch die Luft
Nach eurem Schwanken auf der hohlen See?

König Richard.
Wohl muß sie gut mir dünken: vor Freude wein'
ich,
Noch 'mal auf meinem Königreich zu stehn. —
Ich grüße mit der Hand dich, theure Erde,
Verwunden schon mit ihrer Pferde Hufen
Rebellen dich; wie eine Mutter, lange
Getrennt von ihrem Kinde, trifft sie's wieder,
Mit Thränen und mit Lächeln zärtlich spielt:
So weinend, lächelnd, grüß' ich dich, mein Land,
Und schmeichle dir mit königlichen Händen.
Nähr deines Herren Feind nicht, liebe Erde,
Dein Süßes lab' ihm nicht den Räubersinn.
Nein, laß sich Spinnen, die dein Gift einsaugen,
Und träge Kröten in den Weg ihm legen,

Zu plagen die verrätherischen Füße,
Die dich mit unrechtmäß'gen Tritten stampfen.
Beut scharfe Nesseln meinen Feinden dar,
Und, pflücken sie von deinem Busen Blumen,
Laß, bitt' ich, Nattern lauernd sie bewahren,
Die mit der Doppelzunge gift'gem Stich
Den Tod auf deines Herren Feinde schießen. —
Lacht nicht der unempfundenen Beschwörung!
Die Erde fühlt, und diese Steine werden
Bewehrte Krieger, eh ihr ächter König
Des Aufruhrs schnöden Waffen unterliegt.

Carlisle.

Herr, fürchtet nicht! Der euch zum König setzte,
Hat Macht, dabey trotz allem euch zu schützen.
Des Himmels Beystand muß ergriffen werden,
Und nicht versäumt; sonst, wenn der Himmel will,
Und wir nicht wollen, so verweigern wir
Sein Anerbieten, Hülf' und Herstellung.

Aumerle.

Er meynt, mein Fürst, daß wir zu läßig sind,
Da Bolingbroke durch unsre Sicherheit
Stark wird und groß an Mitteln und an Freunden.

König Richard.

Du trostesloser Vetter! weißt du nicht,
Wenn hinter'm Erdball sich das spähnde Auge
Des Himmels birgt, der untern Welt zu leuchten,

Dann schwärmen Dieb' und Räuber ungesehn,
In Mord und Freveln blutig hier umher:
Doch wenn er, um den ird'schen Ball hervor,
Im Ost der Fichten stolze Wipfel glüht,
Und schießt sein Licht durch jeden schuld'gen Winkel,
Dann stehen Mord, Verrath und grause Sünden,
Der Nacht-Gewand gerissen von den Schultern,
Bloß da und nackend, zitternd vor sich selbst.
So, wenn der Dieb, der Meuter Bolingbroke,
Der all die Zeitlang in der Nacht gehaust,
Indeß wir bey den Antipoden weilten,
Uns auf sieht steigen in des Ostens Thron,
Wird sein Verrath im Antlitz ihm erröthen,
Er wird des Tages Anblick nicht ertragen,
Und selbsterschreckt, vor seiner Sünde zittern.
Nicht alle Flut im wüsten Meere kann
Den Balsam vom gesalbten König waschen;
Der Odem ird'scher Männer kann des Herrn
Geweihten Stellvertreter nicht entsetzen.
Für jeden Mann, den Bolingbroke gepreßt,
Den Stahl zu richten auf die goldne Krone,
Hat Gott für seinen Richard einen Engel
In Himmelssold: mit Engeln im Gefecht
Besteht kein Mensch; der Himmel schützt das Recht.

Salisbury kommt.

Willkommen, Lord! Wie weit liegt eure Macht?

Salisbury.

Noch nah, noch weiter weg, mein gnäd'ger Herr,
Als dieser schwache Arm: Noth lenkt die Zunge,
Und heißt von nichts sie reden als Verzweiflung.
Ein Tag zu spät, fürcht' ich, mein edler Herr,
Bewölkt all deine frohen Tag' auf Erden.
O rufe Gestern wieder, laß die Zeit
Umkehren, und du hast zwölftausend Streiter!
Heut, heut, nur dieser Unglückstag zu spät
Stürzt deine Freuden Freunde, Glück und Staat.
Denn all die Wäl'schen, todt dich wähnend schon,
Sind hin zu Bolingbroke, zerstreut, entflohn.

Aumerle.

Getrost, mein Fürst, was seht ihr doch so bleich?

König Richard.

Noch eben prangt' in meinem Angesicht
Das Blut von zwanzigtausend; sie sind fort.
Hab' ich denn Ursach zu erbleichen nicht,
Bis so viel Blut zurückgekehrt ist dort?
Wer sicher seyn will, flieh von meiner Seit,
Denn meinen Stolz gezeichnet hat die Zeit.

Aumerle.

Getrost, mein Fürst! bedenket wer ihr seyd.

König Richard.

Ja, ich vergaß mich selbst: bin ich nicht König?
Erwache, feige Majestät! du schläfst.
Des Königs Nam' ist vierzigtausend Namen.

Auf, auf, mein Nam'! ein kleiner Unterthan
Droht deiner Herrlichkeit. — Senkt nicht den Blick
Ihr Königs-Günstlinge! Sind wir nicht hoch?
Laßt hoch uns denken! — Oheim York, ich weiß,
Hat Macht genug zu unserm Dienst. Doch wer
Kommt da?

Scroop tritt auf.

Scroop.

Mehr Heil und Glück begegne meinem Herrn,
Als meine Noth-gestimmte Zung' ihm bringt!

König Richard.

Mein Ohr ist offen, und mein Herz bereit:
Du kannst nur weltlichen Verlust mir melden.
Sag, ist mein Reich hin? Wars doch meine Sorge;
Welch ein Verlust denn, sorgenfrey zu seyn?
Strebt Bolingbroke so groß zu seyn als wir?
Er soll nicht größer seyn; wenn er Gott dient,
Ich dien' ihm auch, und werde so ihm gleich.
Empört mein Volk sich? Das kann ich nicht ändern,
Sie brechen Gott ihr Wort so gut wie mir.
Ruf Weh, Zerstörung, Fall! Der ärgste Schlag
Ist doch nur Tod, und Tod will seinen Tag.

Scroop.

Froh bin ich, daß Eur Hoheit so gerüstet,
Des Misgeschickes Zeitung zu ertragen.

Gleich einem unwirthbaren stürm'schen Tag,
Der Silberbäch' ihr Ufer macht ertränken,
Als wär die Welt in Thränen aufgelöst:
So über alle Schranken schwillt die Wuth
Des Bolingbroke, eur banges Land bedeckend
Mit hartem Stahl und mit noch härtern Herzen.
Graubärte haben ihre kahlen Schädel
Bewaffnet wider deine Majestät;
Und Weiberstimm'ge Knaben mühn sich, rauh
Zu sprechen, stecken ihre zarten Glieder
In steife Rüstung wider deinen Thron;
Selbst deine Pater lernen ihre Bogen
Von Eisen, doppelt tödlich, auf dich spannen,
Und Kunkelweiber führen rost'ge Piken
Zum Streit mit dir; empört ist Kind und Greis,
Und schlimmer gehts, als ich zu sagen weiß.

König Richard.

Zu gut, zu gut sagst du so schlimme Dinge!
Wo ist der Graf von Wiltshire? wo ist Bagot?
Was ist aus Bushy worden? wo ist Green?
Daß sie durchmessen unsre Gränzen ließen
Den drohnden Feind so ungestörten Trittes?
Gewinnen wir, so soll ihr Kopf es büßen.
Was gilts, sie schlossen Frieden mit dem Bolingbroke?

Scroop.

Ja, Herr, sie machten wirklich mit ihm Frieden.

König Richard.

O Schelme, Vipern, rettungslos verdammt
O Hunde, willig jedem Herrn zu schmeicheln!
Ihr Schlangen, warm von meinem Herzensblut,
Die nun ins Herz mir stechen! Drey Judasse,
Und dreymal ärger jeglicher als Judas!
Sie Frieden schließen? Grause Hölle kriege
Um dieß Vergehn mit ihren schwarzen Seelen!

Scroop.

Ich seh, wenn süße Liebe läßt von Art,
Wird sie zum tödlichsten und herbsten Haß.
Nehmt euren Fluch zurück: es schloß den Frieden
Ihr Kopf, nicht ihre Hand; die ihr verflucht,
Traf schon der grimme Streich der Todeswunde;
Sie liegen eingescharrt im hohlen Grunde.

Aumerle.

Ist Bushy, Green, der Graf von Wiltshire todt?

Scroop.

Ja, alle sind zu Bristol sie enthauptet.

Aumerle.

Wo ist mein Vater York mit seiner Macht?

König Richard.

Das ist gleichviel; von Troste rede niemand,
Von Gräbern sprecht, von Würmern, Leichensteinen!
Macht zum Papier den Staub, und auf den Busen
Der Erde schreib' ein regnicht Auge Jammer.

Vollzieher wählt, und sprecht vom letzten Willen;
Nein, doch nicht: — denn was können wir vermachen,
Als unsern abgelegten Leib dem Boden?
Hat Bolingbroke doch unser Land und Leben,
Und nichts kann unser heißen als der Tod,
Und jenes kleine Maß von dürrer Erde,
Die dem Gebein zur Rind' und Decke dient.
Ums Himmelswillen, laßt uns niedersitzen
Zu Trauermähren von der Kön'ge Tod: —
Wie die entsetzt sind, die im Krieg erschlagen,
Die von entthronten Geistern heimgesucht,
Im Schlaf erwürgt, von ihren Frau'n vergiftet,
Ermordet alle; denn im hohlen Zirkel,
Der eines Königs sterblich Haupt umgiebt,
Hält seinen Hof der Tod: da sitzt der Schalksnarr,
Höhnt seinen Staat, und grinst in seinem Pomp,
Läßt ihn ein Weilchen, einen kleinen Auftritt
Den Herrscher spielen, drohn, mit Blicken tödten;
Flößt einen eitlen Selbstbetrug ihm ein,
Als wär dieß Fleisch, das unser Leben einschanzt,
Unüberwindlich Erz; und, so gelaunt,
Kommt er zuletzt, und bohrt mit kleiner Nadel
Die Burgmau'r an, und — König, gute Nacht!
Bedeckt die Häupter, höhnt nicht Fleisch und Blut
Mit Ehrbezeugung; werft die Achtung ab,
Gebräuche, Sitt' und äußerlichen Dienst.

Ihr irret euch die ganze Zeit in mir:
Von Brod leb' ich wie ihr, ich fühle Mangel,
Ich schmecke Kummer und bedarf der Freunde.
So unterworfen nun,
Wie könnt ihr sagen, daß ich König bin?

Carlisle.

Herr, Weise jammern nie vorhandnes Weh,
Sie schneiden gleich des Jammers Wege ab.
Den Feind zu scheun, da Furcht die Stärke hemmt,
Das giebt dem Feinde Stärk' in eurer Schwäche,
Und so ficht eure Thorheit wider euch.
Furcht bringt uns um, nichts schlimmres droht
beym Fechten.
Tod wider Tod ist sterben im Gefecht,
Doch fürchtend, sterben ist des Todes Knecht.

Aumerle.

Erkundigt euch nach meines Vaters Macht,
Und lernt, wie man ein Glied zum Körper macht.

König Richard.

Wohl schiltst du; — stolzer Bolingbroke, ich eile,
Daß Streich um Streich uns unser Loos ertheile.
Dieß Fieberschau'r der Furcht flog schon von
hinnen,
Wie leichte Müh, mein eignes zu gewinnen!
Sag, Scroop, wo mit der Macht mein Oheim
blieb?
Sprich heiter, sind schon deine Blicke trüb.

Scroop.

Scroop.

Man schließet aus des Himmels Farb' und Schein
Zu welchem Stand sich neigen wird der Tag:
So kann mein trübes Aug euch Zeichen seyn,
Daß ich nur trübe Dinge sagen mag.
Den Foltrer spiel' ich, daß ich in die Länge
Das ärgste dehne, was gesagt muß werden.
Eur Oheim ist mit Bolingbroke vereint,
Im Norden eure Burgen all' ergeben,
Im Süden euer Adel all' in Waffen
Auf seiner Seite.

König Richard.

Schon genug gesagt. —
Verwünscht sey, Vetter, der mich abgelenkt
Von meinem süßen Wege zur Verzweiflung.
Was sagt ihr nun? was haben wir für Trost?
Bei Gott, den will ich hassen immerdar,
Der irgend Trost mich ferner hegen heißt.
Kommt, hin nach Flint-Burg! Dort will ich mich grämen.
Des hohen Knechts darf sich das Weh nicht schämen.
Dankt meine Schaaren ab, und heißt sie gehen,
Wo Hoffnung noch zum Wachsthum, Land zu säen;
Bey mir ist keine, — rede keiner mehr,
Dieß abzuändern: aller Rath ist leer.

Aumerle.

Mein Fürst, Ein Wort!

König Richard.

Der kränkt mich doppelt jetzt,
Der mit der Zunge Schmeicheln mich verletzt.
Entlaßt mein Volk! Hinweg, wie ich euch sage,
Von Richards Nacht zu Herefords lichtem Tage.

(Alle ab.)

Dritte Szene.

Wales. Vor Flint-Burg.

Truppen mit klingendem Spiel und fliegenden Fahnen. Bolingbroke, York, Northumberland und Andre treten auf.

Bolingbroke.

Durch diese Kundschaft lernen wir also,
Die Wälschen sind zerstreut, und Salisbury
Ist hin zum König, der an dieser Küste
Mit wenigen Vertrauten jüngst gelandet.

Northumberland.

Die Zeitung ist erwünscht und gut, mein Prinz,
Richard verbarg sein Haupt nicht weit von hier.

York.

Es ziemte wohl dem Lord Northumberland

Zu sagen: König Richard. — O der Zeiten,
Wo solch ein heil'ger Fürst sein Haupt muß bergen!

Northumberland.

Nein, ihr misnehmt mich; bloß um kurz zu seyn,
Ließ ich den Titel aus.

York.

Es gab 'ne Zeit,
Wo er, wenn ihr so kurz mit ihm verfuhrt,
So kurz mit euch verfuhr, euch abzukürzen
Um euren Kopf, auf dem ihr so bestanden.

Bolingbroke.

Misnehmt nicht, Oheim, da wo ihr nicht solltet.

York.

Nehmt nicht, mein Vetter, da wo ihr nicht solltet,
Damit ihr nicht misnehmt: der Himmel waltet.

Bolingbroke.

Ich weiß es, Oheim, und ich setze mich
Nicht gegen seinen Willen. — Doch wer kommt da?

Percy tritt auf.

Willkommen, Heinrich! Wie, die Burg hält Stand?

Percy.

Die Burg ist königlich bemannt, mein Prinz,
Und wehrt den Eintritt.

Bolingbroke.

Königlich? nun, sie faßt doch keinen König?

Percy.

Ja, mein bester Herr,
Wohl faßt sie einen; König Richard liegt
In dem Bezirk von jenem Leim und Steinen,
Und mit ihm sind der Lord Aumerle, Lord Salisbury,
Sir Stephen Scroop; dann noch ein Geistlicher
Von würd'gem Ansehn; wer, das weiß ich nicht.

Northumberland.

Es ist vielleicht der Bischof von Carlisle.

Bolingbroke zu Northumberland.

Edler Herr,
Geht zu den Rippen jener alten Burg,
Aus der Trompete sendet Hauch des Friedens
In ihr zerfallnes Ohr und meldet so:
Heinrich Bolingbroke
Küßt König Richards Hand auf beyden Knie'n,
Und sendet Lehenspflicht und ächte Treu
Dem königlichen Herrn; hieher gekommen
Zu seinen Füßen Wehr und Macht zu legen,
Vorausgesetzt, daß Widerruf des Banns
Und meine Güter mir bewilligt werden;
Wo nicht, so nütz' ich meine Übermacht,
Und lösch' den Sommerstaub in Schauern Bluts
Aus Wunden der erschlagnen Englischen.

Wie weit dieß sonst von Bolingbroke's Gemüth,
Daß solch ein Purpurwetter sollte tränken
Den grünen Schooß von König Richards Land,
Soll meine Ehrfurcht demuthsvoll bezeugen.
Geht, deutet ihm das an, indeß wir hier
Auf dieser Ebne Rasenteppich ziehn.

(Northumberland nähert sich der Burg mit einem Trompeter.)

Laßt ohne drohnder Trommeln Lärm uns ziehn,
Damit man auf der Burg verfallnen Zinnen
Den bill'gen Antrag wohl vernehmen möge.
Mich dünkt, ich und der König sollten uns
So schreckbar treffen wie die Elemente
Von Feur und Wasser, wenn ihr lauter Stoß
Des Himmels wolk'ge Wangen jäh zerreißt.
Sey er das Feur, ich das geschmeid'ge Wasser,
Sein sey die Wuth, derweil ich meine Fluten
Zur Erde niederregne, nicht auf ihn.
Rückt vor, und merkt auf König Richards Blick.

Aufforderung mit der Trompete, die von innen beantwortet wird. Trompetenstoß. Auf den Mauern erscheinen König Richard, der Bichof von Carlisle, Aumerle, Scroop und Salisbury.

York.

Seht, seht den König Richard selbst erscheinen,

So wie die Sonn', erröthend, misvergnügt,
Aus feurigem Portal des Ostes tritt,
Wenn sie bemerkt, daß neid'sche Wolken streben
Zu trüben ihren Glanz, den lichten Pfad
Zum Occident hinüber zu beflecken.
Doch sieht er wie ein König; seht, sein Auge
So leuchtend wie des Adlers, schießt hervor
Gewalt'ge Majestät: ach, ach der herben Pein,
Daß Harm verdunkeln soll so holden Schein!

König Richard.

Wir sind erstaunt; so lange standen wir
Die scheue Beugung eures Knie's erwartend,
Weil wir für dein rechtmäßig Haupt uns hielten;
Und sind wir das, wie dürfen deine Glieder
Der ehrerbiet'gen Pflicht vor uns vergessen?
Sind wir es nicht, so zeig' uns Gottes Hand,
Die uns entlassen der Verwalterschaft;
Wir wissen, keine Hand von Fleisch und Blut
Kann unsers Zepters heilgen Griff erfassen,
Als durch Entweihung, Raub und Anmaßung.
Und denkt ihr schon, daß alle so wie ihr
Den Sinn verkehrt, da sie von mir ihn kehrten,
Und daß wir bloß sind und der Freunde ledig,
So wißt doch, der allmächt'ge Gott, mein Herr,
Hält in den Wolken Musterung von Schaaren
Der Pestilenz, uns beizustehn; die werden
Noch ungebohrne Kinder derer treffen,

Die an mein Haupt Vasallenhänd' erheben,
Und meiner Krone kostbarn Schmuck bedrohn.
Sagt Bolingbroke, (dort ist er, wie mich dünkt)
Daß jeder Schritt auf meinem Land gethan
Gefährlicher Verrath; er kommt, zu öffnen
Des blut'gen Krieges purpurn Testament:
Doch eh' die Kron', um die er wirbt in Frieden
Die Schläf' ihm deckt, da werden blutge Schläfen
Von zehentausend Muttersöhnen übel
Dem blühenden Antliz Englands stehn, verwandeln
Die Farbe ihres Mädchen - blassen Friedens
In scharlachne Entrüstung, und bethaun
Der Auen Gras mit Englands eignem Blut.

Northumberland.

Des Himmels Heer verhüte, daß der König
So von unbürgerlichen Bürgerwaffen
Bestürmt soll seyn! Dein dreyfach edler Vetter
Heinrich Bolingbroke, küßt deine Hand in Demuth,
Und schwöret bey dem ehrenwerthen Grab,
Das die Gebeine deines königlichen
Großvaters deckt, und bey dem Fürstenadel
Von euer beiden Blut, verwandten Strömen,
Aus einem höchsterlauchten Quell entsprungen,
Bey des mannhaften Gaunt begrabner Hand,
Und seinem eignen Werth und seiner Ehre,
Was alle Schwür' und Reden in sich faßt:
Daß er hieher kommt, hat kein weitres Ziel

Als seiner Ahnen Rechte, und zu bitten
Befreyung ohne Zögern auf den Knie'n.
Hast du die königlicher Seits gewährt,
So will er seine schimmerreichen Waffen
Dem Roste, die mit Stahl belegten Rosse
Den Ställen übergeben, und sein Herz
Dem treuen Dienste Eurer Majestät.
Er schwört, so wahr er Prinz ist, dies sey billig,
Und ich, so wahr ich adlich, stimm' ihm bey.

König Richard.

Northumberland, sag, also spricht der König:
Sein edler Vetter ist willkommen hier,
Und seiner bill'gen Forderungen Zahl
Soll ohne Widerspruch bewilligt werden.
Mit dem holdsel'gen Wesen, das du hast,
Bring güt'ge Grüße an sein freundlich Ohr.

(Zu Aumerle.)

Wir setzen uns herab, Vetter, nicht wahr,
Daß wir so ärmlich sehn, so milde sprechen?
Soll ich Northumberland noch wieder rufen,
Trotz bieten dem Verräther, und so sterben?

Aumerle.

Nein, Herr! laßt sanfte Wort' uns Waffen seyn,
Bis Zeit uns Freunde, diese Schwerter leihn.

König Richard.

O Gott! o Gott! daß jemals diese Zunge,
Die der Verbannung furchtbarn Spruch gelegt

Auf jenen stolzen Mann, ihn weg muß nehmen
Mit mildem Glimpf! O daß ich meinem Gram
Doch gleich wär, oder kleiner als mein Name!
Daß ich vergessen könnte, was ich war,
Oder nicht gedenken, was ich nun muß seyn!
Schwillst, stolzes Herz? Zu schlagen steh dir frey,
Weil Feinden frey steht, dich und mich zu schlagen.

Aumerle.

Da kommt Northumberland vom Bolingbroke.

König Richard.

Was muß der König nun? sich unterwerfen?
Der König wird es thun. Muß er entsetzt seyn?
Der König giebt sich drein. Den Namen König
Einbüßen? Nun, er geh in Gottes Namen. —
Ich gebe mein Geschmeid für Betkorallen,
Den prächtigen Pallast für eine Klause,
Die bunte Tracht für eines Bettlers Mantel,
Mein reich Geschirr für einen hölzern Becher,
Mein Zepter für 'nes Pilgers Wanderstab,
Mein Volk für ein paar ausgeschnitzte Heil'ge
Mein weites Reich für eine kleine Gruft,
Ganz kleine, kleine, unbekannte Gruft;
Oder auf des Königs Heerweg scharrt mich ein,
Wo viel Verkehr und wo des Volkes Füße
Das Haupt des Fürsten stündlich treten können.
Sie treten ja mein Herz, jetzt da ich lebe:
Warum nicht auch mein Haupt, wenn ich begraben?

Aumerle, du weinst, mein weichgeherzter Vetter! —
Laßt schlechtes Wetter mit verschmähten Thränen
Uns machen, sie und unsre Seufzer sollen
Zu Boden legen alles Sommerkorn,
Und im empörten Lande Theurung schaffen.
Wie, oder sollen wir mit unserm Leid
Muthwillen treiben, eine art'ge Wette
Anstellen mit Vergießung unsrer Thränen?
Zum Beyspiel so: auf Einen Platz sie träufeln,
Bis sie ein Paar von Gräbern ausgehöhlt;
Zur Inschrift: «Vetter waren die Entseelten,
Die sich ihr Grab mit eignen Augen höhlten?»
Thät nicht dies Übel gut? — Gut, ich seh ein
Ich rede thöricht und ihr spottet mein. —
Erlauchter Prinz, Mylord Northumberland,
Vermeldet, was sagt König Bolingbroke?
Will Seine Majestät Erlaubniß geben
Daß Richard lebe, bis sein Ende da?
Ihr scharrt den Fuß und Bolingbroke sagt Ja.

Northumberland.

Herr, er erwartet euch im niedern Hof;
Wärs euch gefällig nicht, herabzukommen?

König Richard.

Herab, herab, komm' ich, wie Phanton,
Der Lenkung falscher Mähren nicht gewachsen.

(Northumberland kehrt zum Bolingbroke zurück.)

Im niedern Hof? wo Kön'ge uiedrig werden,

Verräthern kommen und sich hold gebehrden.
Im niedern Hof? herab? Hof, König, nieder!
Dann Eulenschreyn statt froher Lerchen Lieder.

(Alle von oben ab.)

Blingbroke.

Was sagte Seine Majestät?

Northumberland.

Das Herzeleid
Macht ihn verwirrt, wie ein Verrückter, reden.
Jedoch ist er gekommen.

König Richard und seine Begleiter erscheinen unten.

Bolingbroke.

Steht beiseit,
Zeigt Ehrerbietung Seiner Majestät.
Mein gnäd'ger Herr, — (knieend.)

König Richard.

Mein Vetter, ihr entehrt eur prinzlich Knie,
Da ihr die Erde stolz macht, es zu küssen.
Ich möchte lieber eure Lieb' empfinden,
Als unerfreut eur höflich Werben sehn.
Auf, Vetter! auf! So hoch zum mindsten steigt,

(Indem er sein eignes Haupt berührt.)

Weiß ich, eur Herz, wie auch das Knie sich beugt.

Bolingbroke.

Mein gnäd'ger Herr, ich will nur was mein eigen.

König Richard.

Eur Eigenthum ist eur, und ich und alles.

Bolingbroke.

So weit seyd mein, erhabner Fürst, als ich
Durch Dienste eure Liebe kann verdienen.

König Richard.

Ja wohl verdient ihr — der verdient zu haben,
Der kühn und sicher zu erlangen weiß. —
Oheim, gebt mir die Hand! Nein, keine Zähren,
Die Liebe zeigen, aber Trost entbehren. —
Vetter, ich bin zu jung zu eurem Vater,
Doch ihr seyd alt genug zu meinem Erben.
Was ihr verlangt, das geb' ich euch, und willig;
Denn der Gewalt ergeben wir uns billig.
Nach London gehen wir: soll es nicht so seyn?

Bolingbroke.

Ja, bester Herr.

König Richard.

Ich darf nicht sagen, nein.

(Trompetenstoß. Alle ab.)

Vierte Szene.

Langley. Garten des Herzogs von York.

Die Königin und zwei Fräulein treten auf.

Königin.

Welch Spiel ersinnen wir in diesem Garten,
Der Sorge trübes Sinnen zu verscheuchen?

Erstes Fräulein.

Wir wollen Kugeln auf dem Rasen rollen.

Königin.

Da werd' ich denken, daß die Welt voll Anstoß,
Und daß mein Glück dem Hang entgegen rollt.

Erstes Fräulein.

Wir wollen tanzen, gnäd'ge Frau.

Königin.

Mein Fuß kann nicht zur Lust ein Zeitmaß halten,
Indeß mein Herz kein Maß im Grame hält.
Drum, Mädchen, keinen Tanz, ein ander Spiel!

Erstes Fräulein.

So wollen wir Geschichten euch erzählen.

Königin.

Von Freude oder Leid?

Erstes Fräulein.

Von beydem, gnäd'ge Frau.

Königin.

Von keinem, Mädchen.
Denn wärs von Freude, welche ganz mir fehlt,
So würd' es mich so mehr an Sorg' erinnern;
Und wärs von Kummer, welcher ganz mich drückt,
So mehrts mit Leid noch meinen Freudenmangel.
Ich darf nicht wiederhohlen, was ich habe,
Es hilft nicht zu beklagen, was mir fehlt.

Erstes Fräulein.

So will ich singen.

Königin.

Gut, wenn du es magst,
Doch du gefällst mir besser, wenn du weinst.

Erstes Fräulein.

Ich könnte weinen, wenn es euch was hülfe.

Königin.

Ich könnte weinen, wenn es mir was hülfe,
Und dürfte keine Thräne von dir leihn.
Doch still! die Gärtner kommen dort:
Laßt uns in dieser Bäume Schatten treten.

(Ein Gärtner kommt mit zwey Gesellen.)

Mein Elend wett' ich um ein Dutzend Nadeln,
Daß sie vom Staat sich unterhalten werden.
Vor einem Wechsel thut das jedermann,
Dem Unglück geht Bekümmerniß voran.

(Die Königin und ihre Fräulein treten zurück.)

Gärtner.

Geh, binde du die schwanken Aprikosen,
Die, widerspänst'gen Kindern gleich, den Vater
Mit ihrer üpp'gen Bürde niederdrücken;
Gieb eine Stütze den gebognen Zweigen.
Geh du, und hau als Diener des Gerichts
Zu schnell gewachsner Sprossen Häupter ab,
Die allzu hoch stehn im gemeinen Wesen:
In unserm Staat muß alles eben seyn. —
Nehmt ihr das vor, ich geh und jät' indeß

Das Unkraut aus, das den gesunden Blumen
Die Kraft des Bodens ohne Nutzen wegsaugt.

Erster Geselle.

Was sollen wir, im Umfang eines Zauns,
Gesetz und Form und recht Verhältniß halten,
Als Vorbild zeigend unsern festen Staat?
Da unser Land, der See-umzäunte Garten,
Voll Unkraut ist; erstickt die schönsten Blumen,
Die Fruchtbäum' unbeschnitten, dürr die Hecken,
Verwühlt die Beet', und die gesunden Kräuter
Von Ungeziefer wimmelnd.

Gärtner.

Halt dich still!
Der diesen ausgelaßnen Frühling litt,
Hat selbst nunmehr der Blätter Fall erlebt.
Das Unkraut, das sein breites Laub beschirmte,
Das, da es ihn verzehrt', ihn schien zu stützen,
Ist ausgerauft, vertilgt vom Bolingbroke;
Der Graf von Wiltshire meyn' ich, Bushy, Green.

Erster Geselle.

Wie? sind sie todt?

Gärtner.

Ja wohl, und Bolingbroke
Hat unsers üpp'gen Königs sich bemeistert.
O welch ein Jammer ist es, daß er nicht
Sein Land so eingerichtet und gepflegt,
Wie wir den Garten! — Um die Jahreszeit

Verwunden wir des Fruchtbaums Haut, die Rinde,
Daß er nicht überstolz vor Saft und Blut
Mit seinem eignen Reichthum sich verzehre.
Hätt' er erhöhten Großen das gethan,
So konnten sie des Dienstes Frucht noch bringen,
Und er sie kosten. Überflüß'ge Äste
Haun wir hinweg, damit der Fruchtzweig lebe.
That ers, so konnt' er selbst die Krone tragen,
Die eitler Zeitverderb nun ganz zerschlagen.

Erster Geselle.

Wie? denkt ihr denn, der König werd' entsetzt?

Gärtner.

Besetzt hat man bereits ihn, und entsetzt
Wird er vermuthlich. Briefe sind gekommen
Verwichne Nacht an einen nahen Freund
Des guten Herzogs York, voll schwarzer Zeitung.

Königin.

O ich bin todt gedrückt, mach' ich mir nicht
Mit Reden Luft! — (Sie kommt hervor.)
Du, Adams Ebenbild,
Gesetzt zum Pfleger dieses Gartens, sprich,
Wie darf mir deine harte rauhe Zunge
Die unwillkommne Neuigkeit verkünden?
Welch eine Schlang' und Eva gab dir ein
Den zweyten Fall des fluchbeladnen Menschen?
Was sagst du, König Richard sey entsetzt?
Darfst du, ein wenig beßres Ding als Erde,

Errathen

Errathen seinen Sturz? Wo, wann und wie
Kam diese Nachricht dir? Elender, sprich!

Gärtner.

Verzeiht mir, gnäd'ge Frau: es freut mich wenig,
Zu melden dieß, doch was ich sag', ist wahr.
Der König Richard ist in Bolingbroke's
Gewalt'ger Hand; gewogen wird ihr Glück:
In eures Gatten Hand ist nichts als er,
Und Eitelkeiten, die ihn leichter machen;
Doch in der Schal des großen Bolingbroke
Sind außer ihm die Pairs von England alle,
Und mit dem Vortheil wiegt er Richard auf.
Reist nur nach London, und erfahrt: so sey's;
Ich sage nichts, was nicht ein jeder weiß.

Königin.

Behendes Misgeschick, so leicht von Füßen!
Geht deine Botschaft mich nicht an, und ich
Muß sie zuletzt erfahren? O du willst
Zuletzt mir nahn, das ich dein Leid am längsten
Im Busen trage. — Fräuleins, kommt! wir gehn,
Zu London Londons Fürst in Noth zu sehn.
War ich dazu bestimmt? mit trüben Blicken
Des großen Bolingbroke Triumph zu schmücken?
Gärtner, weil du berichtet dieses Weh,
Gedeih kein Baum dir, den du impfest, je.

(Königin und die Fräulein ab.)

Gärtner.

Ach, arme Fürstin! gehts nur dir nicht schlimmer,
So treffe mein Gewerb der Fluch nur immer.
Hier fiel ihr eine Thrän', wo die gethaut,
Da setz' ich Raute, bittres Weihekraut.
Reumüthig wird die Raute bald erscheinen,
Und Thränen einer Königin beweinen. (Ab)

Vierter Aufzug.

Erste Szene.

Westminster-Halle.

Die geistlichen Lords zur Rechten des Throns, die weltlichen Lords zur Linken, die Gemeinen unterhalb. Bolingbroke, Aumerle, Surrey, Northumberland, Percy, Fitzwater, ein andrer Lord, Bischof von Carlisle, Abt von Westminster und Gefolge. Im Hintergrunde Gerichtsbediente mit Bagot.

Bolingbroke.

Ruft Bagot vor. —
Nun, Bagot, rede frey heraus,
Was du vom Tod des edlen Gloster weißt:

Wer trieb den König an, und wer vollbrachte
Den blut'gen Dienst zu seinem frühen Ende?

Bagot.

So stellt mir vors Gesicht den Lord Aumerle.

Bolingbroke.

Vetter, kommt vor, und schaut auf diesen Mann.

Bagot.

Mylord Aumerle, ich weiß, eur kühner Mund
Verschmäht zu läugnen, was er einst erklärt.
Zur stillen Zeit, da Glosters Tod im Werk,
Hört' ich euch sagen: »Ist mein Arm nicht lang,
Der von dem ruh'gen Hofe Englands reicht
Bis nach Calais zu meines Oheims Haupt?«
Zur selben Zeit, nebst vielen andern Reden,
Hört' ich euch sagen, daß ihr nicht dafür
An hunderttausend Kronen nehmen wolltet,
Daß Bolingbroke nach England wiederkäme.
Auch rühmtet ihr, wie glücklich für dieß Land
Seyn würde dieses eures Vetters Tod.

Aumerle.

Prinzen und edle Herrn,
Wie soll ich diesem schlechten Mann erwiedern?
Soll ich so sehr entehren mein Gestirn
Auf gleichen Fuß ihm Züchtigung zu geben?
Ich muß entweder, oder meine Ehre
Bleibt mir befleckt von Leumund seiner Lippen. —
Da liegt mein Pfand, des Todes Handpetschier,

Das zeichnet dich zur Höll'; ich sag, du lügst,
Und will behaupten, was du sagst, sey falsch,
In deinem Herzblut, ist es schon zu schlecht
Der ritterlichen Klinge Stahl zu trüben.

Bolingbroke.

Bagot, halt ein, du sollst das Pfand nicht nehmen,

Aumerle.

Auf Einen nach, wollt' ich, der wär der erste
In diesem Kreise, der mich so gereizt.

Fitzwater.

Wofern dein Muth auf Gleichheit denn besteht,
Da liegt mein Pfand, Aumerle, zum Pfand für deins.
Beim Strahl der Sonne, welcher dich mir zeigt,
Ich hört' dich sagen, und du sprachst es rühmend,
Du habst des edlen Glosters Tod bewirkt.
Wenn du es läugnest, lügst du zwanzigmal,
Und deine Falschheit kehr' ich in dein Herz,
Das sie ersann, mit meines Degens Spitze.

Aumerle.

Du wagst den Tag nicht zu erleben, Feiger.

Fitzwater.

Bey Gott, ich wollt', es wär noch diese Stunde.

Aumerle.

Fitzwater, dieß verdammt zur Hölle dich.

Percy.

Du lügst, Aumerle: so rein ist seine Ehre

In dieser Klage, wie du schuldig bist;
Und daß du's bist, werf ich mein Pfand hier hin,
Und wills bis zu des Lebens letztem Hauch
An dir beweisen; nimm es, wenn du darfst.

Aumerle.

Und thu ichs nicht, so faule meine Hand,
Und schwinge nie den rächerischen Stahl
Auf meines Feindes hellgeschliffnen Helm!

Ein Lord.

Zu gleichem Werk biet' ich die Erde auf,
Meineidiger Aumerle, und sporne dich
Mit so viel Lügnern, als man nur von Sonne
Zu Sonn' in das verrätherische Ohr
Dir donnern kann; hier ist mein Ehrenpfand,
Bewahr es auf den Zweykampf, wenn du darfst.

Aumerle.

Wer fodert noch? Bey Gott, ich trotze allen!
In Einem Busen hab' ich tausend Geister,
Um zwanzigtausenden wie euch zu stehn.

Surrey.

Mylord Fitzwater, wohl erinnr' ich mich
Derselben Zeit, da mit Aumerle ihr spracht.

Fitzwater.

Ganz recht, ihr wart auch damals gegenwärtig,
Und ihr könnt mit mir zeugen, dieß sey wahr.

Surrey.

So falsch, bey Gott, als Gott die Wahrheit ist.

Fitzwater.

Surrey, du lügst.

Surrey.

Du Ehrvergeßner Knabe!
Schwer soll die Lüg' auf meinem Schwerte liegen,
Daß es vergelten, rächen soll, bis du,
Der Lügenstrafer, samt der Lüge, still
Im Boden liegst, wie deines Vaters Schädel.
Deß zum Beweis ist hier mein Ehrenpfand,
Bewahr es auf den Zweykampf, wenn du darfst.

Fitzwater.

Wie thöricht spornst du doch ein rasches Pferd!
Darf ich nur essen, trinken, athmen, leben,
So darf ich Surrey in der Wüste treffen,
Und auf ihn speyn, indem ich sag', er lügt,
Und lügt und lügt; hier ist mein Band der Treu,
An meine mächt'ge Strafe dich zu fesseln. —
So geh mirs wohl in dieser neuen Welt,
Aumerle ist meiner wahren Klage schuldig.
Auch hört' ich den verbannten Norfolk sagen,
Daß du, Aumerle, zwey deiner Leute sandtest,
Den edlen Herzog zu Calais zu morden.

Aumerle.

Vertrau ein wackrer Christ mir doch ein Pfand,
Daß Norfolk lügt: hier werf' ich nieder dieß,
Wenn er heim kehren darf zur Ehrenprobe.

Bolingbroke.

All diese Zwiste bleiben unterm Pfand

Bis Norfolk heimberufen; denn das wird er,
Und, ob er schon mein Feind ist, hergestellt
In seine Land' und Herrlichkeiten; ist er da,
So geh sein Zweykampf vor sich mit Aumerle.

Carlisle.

Nie werden wir den Tag der Ehre sehn.
Gar manches Mal focht der verbannte Norfolk
Für Jesus Christus, im glorreichen Feld
Des Kreuzes christliches Panier entrollend
Auf schwarze Heiden, Türken, Sarazenen.
Und matt von Kriegeswerken zog er sich
Zurück nach Welschland: gab da zu Venedig
Des schönen Landes Boden seinen Leib,
Die reine Seele seinem Hauptmann Christus,
Deß Fahnen er so lang' im Kampf gefolgt.

Bolingbroke.

Wie, Bischof? ist Norfolk todt?

Carlisle.

So wahr ich lebe, Herr.

Bolingbroke.

Geleite süßer Friede seine Seele
Zum Schooß des guten alten Abraham!
Ihr Herren Kläger, eure Zwiste sollen
All' unterm Pfande bleiben, bis wir euch
Auf euren Tag des Zweykampfs herbescheiden.

(York tritt auf mit Gefolge.)

York.

Ich komme, großer Lancaster, zu dir

Vom Zier- beraubten Richard, der dich willig
Zum Erben nimmt, und giebt das hohe Zepter
In deiner königlichen Hand Besitz.
Besteig den Thron, dazu berechtigt nun:
Lang lebe Heinrich, vierter dieses Namens!

Bolingbroke.

In Gottes Namen, ich besteig' den Thron.

Carlisle.

Ey, das verhüte Gott!
Schlecht red' ich vor so hoher Gegenwart,
Doch ziemt es mir am besten, wahr zu reden.
O wollte Gott, in diesem edlen Kreis
Wär einer edel gnug, gerecht zu richten
Den edlen Richard: ächter Adel würde
Von solchem Frevel ihn Enthaltung lehren.
Kann je ein Unterthan den König richten?
Und wer ist hier nicht Richards Unterthan?
Man richtet Diebe nur, wenn sie dabey,
Sieht man gleich offenbare Schuld an ihnen.
Und soll das Bild von Gottes Majestät,
Sein Hauptmann, Stellvertreter, Abgesandter,
Gesalbt, gekrönt, gepflanzt seit so viel Jahren,
Durch Unterthanen-Wort gerichtet werden,
Und er nicht gegenwärtig? O verhüt' es Gott,
Daß feine Seelen in der Christenheit
So schwarze schnöde That verüben sollten!
Ich red', ein Unterthan, zu Unterthanen.

Vom Himmel kühn erweckt für meinen König.
Der Herr von Hereford, den ihr König nennt,
Verräth des stolzen Herefords König schändlich,
Und, krönt ihr ihn, so laßt mich prophezeyn: —
Das Blut der Bürger wird den Boden düngen,
Und ferne Zukunft stöhnen um den Greul.
Der Friede wird bey Türk und Heiden schlummern,
Und hier im Sitz des Friedens wilder Krieg
Mit Blute Blut, und Stamm mit Stamm verwirren.
Zerrüttung, Grausen, Furcht und Meuterey
Wird wohnen hier, und heißen wird dieß Land
Das Feld von Golgatha und Schädelstätte.
O richtet ihr dieß Haus auf dieses Haus,
Es wird die kläglichste Entzweyung seyn,
Die je auf die verfluchte Erde fiel:
Verhütet, hemmt sie, laßt es nicht so seyn,
Daß Kind und Kindeskind Weh über euch nicht schreyn.

Northumberland.

Ihr rechtet bündig, Herr, und für die Müh
Verhaften wir euch hier um Hochverrath. —
Herr Abt von Westminster, sorgt ihr dafür
Ihn zum Gerichtstag sicher zu verwahren. —
Gewährt ihr, Lords, die Bitte der Gemeinen?

Bolingbroke.

Holt Richard her, daß er aller Augen

Sein Reich abtrete; so verfahren wir
Frey von Verdacht.

Yorck.

Ich will sein Führer seyn. (Ab.)

Bolingbroke.

Ihr Lords, die ihr gerichtlich unter Haft,
Stellt eure Bürgschaft auf den Tag des Urtheils.
(Zu Carlisle.)
Gar wenig sind wir eurer Liebe schuldig,
Und wenig Gut's versahn wir uns zu euch.

Yorck kommt zurück mit König Richard und Beamten, welche die Reichskleinodien tragen.

König Richard.

Ach, warum ruft man mich vor einen König,
Eh ich des Fürstensinns mich abgethan,
Womit ich herrschte? Kaum hab ich gelernt
Zu schmeicheln, mich zu schmiegen, Knie zu beugen;
Laßt Leid noch eine Weile mich erziehn
Zur Unterwerfung. Dieser Männer Züge
Sind wohl im Sinne mir: waren sie nicht mein?
Und riefen sie nicht manchmal, Heil! mir zu?
Das that auch Judas Christo: aber der
Fand in der Zahl von zwölfen alle treu,
Auf Einen nach; ich von zwölftausend, keinen.
Gott schütz den König! — Sagt hier niemand
Amen?

Bin ich so Pfaff als Küster? Gut denn, Amen!
Gott schütz den König! wenn ichs gleich nicht bin;
Und Amen! doch, bin ichs nach Gottes Sinn. —
Zu welchem Dienste bin ich hergehohlt?

York.

Zu einer Handlung eignen freyen Willens,
So müde Majestät dich hieß erbieten:
Die Übergebung deiner Kron' und Macht
An Heinrich Bolingbroke.

König Richard.

Gebt mir die Kron', — hier, Vetter, greif die Krone,
An dieser Seite meine Hand, die deine dort.
Nun ist die goldne Kron' ein tiefer Brunn
Mit zweyen Eimern die einander füllen;
Der leere immer tanzend in der Luft,
Der andre unten, ungesehn, voll Thränen.
Der Eimer unten, thränenvoll, bin ich;
Mein Leiden trink' ich, und erhöhe dich.

Bolingbroke.

Ich glaubt', ihr wärt gewillt, euch zu entkleiden?

König Richard.

Der Krone, ja; doch mein sind meine Leiden.
Nehmt meine Herrlichkeit und Würde hin,
Die Leiden nicht, wovon ich König bin.

Bolingbroke.

Ihr gebt mir mit der Kron' ein Theil der Sorgen.

König Richard.

Durch eure Sorg' ist meine nicht geborgen.
Die mein' ist, daß mir alte Sorg' entronnen,
Die eure, daß ihr neue habt gewonnen.
Die Sorge, die ich gebe, hab' ich noch:
Sie folgt der Kron' und bleibet bey mir doch.

Bolingbroke.

Seyd ihr gewillt, die Krone abzutreten?

König Richard.

Ja, nein; — nein, ja; mein Will' ist nicht mehr
mein,
So gilt mein Nein ja nicht, Ja muß es seyn.
Merkt auf, wie ich mich nun vernichten will!
Die schwere Last geb' ich von meinem Haupt,
Das unbeholfne Zepter aus der Hand,
Den Stolz der Herrschaft aus dem Herzen weg.
Mit eignen Thränen wasch' ich ab den Balsam,
Mit eignen Händen geb' ich weg die Krone,
Mit eignem Mund läugn' ich mein heil'ges Reich,
Mit eignem Odem lös' ich Pflicht und Eid.
Ab schwör ich alle Pracht und Majestät,
Ich gebe Güter, Zins und Renten auf,
Verordnungen und Schlüssen sag' ich ab.
Verzeih Gott jeden Schwur, so mir gebrochen!
Bewahr Gott jeden Eid, so dir gesprochen!
Mich, der nichts hat, mach er um nichts betrübt;
Dich freue alles, dem er alles giebt.

Lang lebe du, auf Richards Sitz zu thronen.
Und bald mag Richard in der Grube wohnen.
Gott schütze König Heinrich! also spricht
Entfürstet Richard, geb' ihm Heil und Licht! —
Was ist noch übrig?

Northumberland überreicht ihm ein Papier.

Nichts, als daß ihr hier
Die Anklagspunkte lest und die Verbrechen,
Die ihr durch eure Diener, oder in Person
Begangen wider dieses Landes Wohl,
Daß, wenn ihr sie bekennt, der Menschen Seelen
Ermessen, ihr sey't würdiglich entsetzt.

König Richard.

Muß ich das thun? entstricken das Gewebe
Verworrner Thorheit? Lieber Northumberland,
Wenn deine Fehler aufgezeichnet ständen,
Würd' es dich nicht beschämen, so vor Leuten
Die Vorlesung zu halten? Wolltest du's,
Da würdst du finden einen bösen Punkt,
Enthaltend eines Königs Absetzung,
Und Bruch der mächtigen Gewähr des Eids,
Schwarz angemerkt, verdammt im Buch des Himmels.
Ihr alle, die ihr steht und auf mich schaut,
Weil mich mein Elend hetzt, wiewohl zum Theil
Ihr wie Pilatus eure Hände wascht,
Und äußres Mitleid zeigt: doch, ihr Pilate,

Habt ihr mich meinem Kreuz hier überliefert,
Und Wasser wäscht die Sünde nicht von euch.

Northumberland.

Herr, macht ein Ende, leset die Artikel.

König Richard.

Ich kann nicht sehn, die Augen sind voll Thränen,
Doch blendet sie Salzwasser nicht so sehr,
Daß sie nicht hier 'ne Art Verräther sähn.
Ja, wend' ich meine Augen auf mich selbst,
So find' ich mich Verräther wie die Andern.
Denn meine Seele hat hier eingewilligt,
Den Schmuck von eines Königs Leib zu streifen,
Die Herrlichkeit zu schänden, Oberhoheit
Zum Knecht zu machen, stolze Majestät
Zum Unterthan, das Reich zum Tagelöhner.

Northumberland.

Herr, —

König Richard.

Kein Herr von dir, du Stolzer der mich höhnt,
Noch jemands Herr; ich habe keinen Namen
Noch Titel, ja bis auf den Namen selbst
Der an dem Taufstein mir gegeben ward,
Der recht mir zukäm'; o der schlimmen Zeit,
Daß ich so viele Winter durchgelebt,
Und nun nicht weiß, wie ich mich nennen soll!
Wär ich ein Possenkönig doch aus Schnee,
Und stünde vor der Sonne Bolingbroke's,

Um mich in Wassertropfen wegzuschmelzen!
Du guter König! hoher König! — Doch
Nicht höchlich gut, — gilt noch mein Wort in England,
So laß es stracks herschaffen einen Spiegel,
Daß er mir zeige, welch Gesicht ich habe,
Seit es verarmt an seiner Majestät.

Bolingbroke.

Geh wer von euch und hohle einen Spiegel.

(Einer aus dem Gefolge ab.)

Northumberland.

Lest dieß Papier, derweil der Spiegel kömmt.

König Richard.

Du plagst mich, böser Feind, noch vor der Hölle.

Bolingbroke.

Drängt ihn nicht weiter, Lord Northumberland.

Northumberland.

So werden die Gemeinen nicht befriedigt.

König Richard.

Ja doch, sie sollen werden: lesen will ich
Genug, wenn ich das rechte Buch erst sehe,
Wo meine Sünden stehn, und das — bin ich.

(Der Bediente kommt zurück mit einem Spiegel.)

Gieb mir den Spiegel, darin will ich lesen. —
Noch keine tiefern Runzeln? hat der Gram
So manchen Streich auf mein Gesicht geführt,
Und tiefer nicht verwundet? Schmeichelnd Glas,

Wie

Wie die Genossen meines günst'gen Glücks
Bethörst du mich! — War dieses das Gesicht,
Das täglich unter seines Hauses Dach
Zehntausend Menschen hielt? Dieß das Gesicht,
Das, wie die Sonne, Augen blinzen machte?
Dieß das Gesicht, das so viel Thorheit sah,
Bis endlich Bolingbroke es übersehn?
Hinfäll'ger Glanz erleuchtet dieß Gesicht,
Hinfällig wie der Glanz ist das Gesicht, —

(Er schmeißt den Spiegel gegen den Boden.)

Da liegts, zerschmettert in viel hundert Scherben!
Merk, schweigender Monarch, des Spieles Lehre
Wie bald mein Kummer mein Gesicht zerstört.

Bolingbroke.

Der Schatten eures Kummers hat zerstört
Den Schatten des Gesichts.

König Richard.

Sag das noch 'mal.
Der Schatten meines Kummers? Ha! laß sehn:
Es ist sehr wahr, mein Gram wohnt innen ganz,
Und diese äußern Weisen der Betrübniß
Sind Schatten bloß vom ungesehnen Gram,
Der schweigend in gequälter Seele schwillt.
Da liegt sein Wesen; und ich dank' dir, König,
Für deine große Güte, die nicht bloß
Mir Grund zum Klagen giebt, nein, auch mich
lehrt,

Wie diesen Grund bejammern. Eins nur bitt' ich,
Dann will ich gehn, und euch nicht weiter stören.
Soll ich's erlangen?

Bolingbroke.

Nennt es, wackrer Vetter.

König Richard.

Wackrer Vetter? Ja, ich bin mehr als König.
Denn, da ich König, waren meine Schmeichler
Nur Unterthanen; jetzt, ein Unterthan,
Hab' ich zum Schmeichler einen König hier.
Da ich so groß bin, brauch' ich nicht zu bitten.

Bolingbroke.

So fodert doch.

König Richard.

Soll ich es haben?

Bolingbroke.

Ja.

König Richard.

Erlaubt mir denn zu gehn.

Bolingbroke.

Wohin?

König Richard.

Gleich viel wohin, muß ich nur euch nicht sehn.

Bolingbroke.

Gehn eurer ein'ge, nehmt ihn mit zum Thurm.

König Richard.

Mitnehmen? gut! Mitnehmer seyd ihr alle,
Die ihr so steigt bey eines Königs Falle.

(König Richard, einige Lords und Wache ab.)

Bolingbroke.

Auf nächsten Mittwoch setzen wir die Feyer
Der Krönung an: ihr Lords, bereitet euch.

(Alle ab, außer der Abt, der Bischof von Carlisle und Aumerle.)

Abt.

Ein kläglich Schauspiel haben wir gesehn.

Carlisle.

Die Klage kommt erst: die noch Ungebohrnen
Wird dieser Tag einst stechen, scharf wie Dornen.

Aumerle.

Ehrwürd'ge Herren, wißt ihr keinen Plan,
Wie diese Schmach des Reichs wird abgethan?

Abt.

Eh ich hierüber rede frey heraus,
Sollt ihr das Sakrament nicht bloß empfangen
Zu hehlen meine Zwecke, sondern auch
Was ich nur mag ersinnen, zu vollbringen.
Ich seh voll Misvergnügen eure Stirn,
Eu'r Herz voll Gram, eu'r Auge voller Thränen.
Kommt mit zur Abendmahlzeit, und ich sage
Euch einen Plan, der schafft uns frohe Tage.

(Ab.)

Zweyte Szene.

London. Eine Straße die zum Thurm führt.

Die Königin und ihre Fräulein treten auf.

Königin.

Hier kommt der König her: dieß ist der Weg
Zu Julius Cäsars mis-erbautem Thurm,
In dessen Kieselbusen mein Gemahl
Gekerkert wird vom stolzen Bolingbroke.
Hier laßt uns ruhn, wenn dieß empörte Land
Ruh hat für seines ächten Königs Weib.

(König Richard tritt auf mit der Wache.)

Doch still, doch seht, — nein, lieber sehet nicht
Verwelken meine Rose; doch schaut auf!
Seht hin! daß ihr vor Mitleid schmelzt in Thau,
Und frisch ihn wieder wascht mit Liebesthränen.
Ah du, das Denkmal wo einst Troja stand!
Der Ehre Muster! König Richards Grab!
Nicht König Richard! Schönster Gasthof du,
Warum beherbergst du den finstern Gram,
Indeß Triumph zum Bierhaus-Gast geworden?

König Richard.

Vereine nicht mit Gram dich, holdes Weib,
Zu meinem schnellen Ende; thu es nicht!
Lern, gute Seele, unsern vor'gen Stand
Wie einen frohen Traum dir vorzustellen.
Davon erwacht, zeigt uns nur dieß die Wahrheit

Deß, was wir sind: ich bin geschworner Bruder
Der grimmen Noth, Geliebte; sie und ich
Sind bis zum Tod verbündet. Eil nach Frankreich,
Und da verschließ dich in ein geistlich Haus.
Denn Heiligkeit gewinnt die Kron' im Himmel,
Die hier zerschlagen eitles Weltgetümmel.

Königin.

Wie? ist mein Richard an Gestalt und Sinn
Verwandelt und geschwächt? hat Bolingbroke
Dir den Verstand entsetzt? ist dir in's Herz
gedrungen?
Der Löwe streckt die Klaue sterbend aus,
Zerreißt noch, wenn sonst nichts, die Erd' aus
Wuth
Daß er besiegt ist: und du willst, wie Kinder,
Die Strafe mild empfahn, die Ruthe küssen
Und kriechen vor der Wuth mit schnöder Demuth
Da du ein Löw bist und der Thiere Fürst?

König Richard.

Der Thiere Fürst, ja! wären sie was bessers,
So wär' ich noch ein froher Fürst der Menschen.
Doch, gute weiland Königin, bereite
Nach Frankreich dich zu gehn: denk, ich sey todt,
Und daß du wie an meinem Todbett hier
Mein scheidend letztes Lebewohl empfangst.
In langen Winternächten sitz am Feuer
Bey guten alten Leuten, laß sie dir

Geschichten von bedrängten Zeiten sagen,
Vorlängst begegnet; und eh gute Nacht
Du bietest, ihren Jammer zu erwiedern,
Erzähl du meinen klagenswerthen Fall,
Und schick die Hörer weinend in ihr Bett.
Ja die fühllosen Brände werden stimmen
Zum dumpfen Tone der betrübten Zunge,
Sie weinen mitleidsvoll das Feuer aus,
Und trauren theils in Asche, theils kohlschwarz,
Um die Entsetzung eines ächten Königs.

(Northumberland und Andre kommen.)

Northumberland.

Herr, Bolingbroke hat seinen Sinn geändert,
Ihr müßt nach Pomfret nun, nicht in den Thurm. —
Für euch ist auch Befehl da, gnäd'ge Frau,
Ihr müßt in aller Eil nach Frankreich fort.

König Richard.

Northumberland, du Leiter, mittelst deren
Der kühne Bolingbroke den Thron besteigt,
Die Zeit wird nicht viel Stunden älter seyn,
Als sie nun ist, eh arge Sünde, reifend,
Ausbrechen wird in Fäulniß; du wirst denken,
Wenn er das Reich auch theilt und halb dir giebt,
Zu wenig sey's, da du ihm alles schaffest;
Und er wird denken, du, der Wege weiß
Um unrechtmäß'ge Könige zu pflanzen,
Wirst Wege wissen, bey dem kleinsten Reiz

Ihn von dem angemaßten Thron zu stürzen.
Die Liebe böser Feinde wird zur Furcht,
Die Furcht zum Haß; und einem oder beyden
Bringt Haß Gefahren und verdienten Tod.

Northumberland.

Die Schuld auf meinen Kopf, und damit aus!
Nehmt Abschied, trennt euch, denn das müßt ihr
gleich.

König Richard.

Doppelt geschieden? — Frevler, ihr verletzt
Zwiefache Ehe: zwischen meiner Krone
Und mir, und zwischen mir und meinem Weib. —
Laß mich den Eid entküssen zwischen uns:
Doch nein, es hat ein Kuß ihn ja bekräftigt. —
Trenn uns, Northumberland: ich hin zum Norden,
Wo kalter Schau'r und Siechthum drückt die Luft;
Mein Weib nach Frankreich, von woher in Pomp
Sie ankam, wie der holde May geschmückt,
Gleich einem Wintertag nun heimgeschickt.

Königin.

So scheiden müssen wir? uns ewig missen?

König Richard.

Ja, Hand von Hand, und Herz von Herz gerissen.

Königin.

Verbannt' uns beyd', und schickt mit mir den König.

Northumberland.

Das wäre Liebe, doch von Klugheit wenig.

Königin.

Wohin er geht, erlaubt denn, daß ich geh.

König Richard.

So zwey zusammen weinend, sind Ein Weh.
Wein' dort um mich, hier wird um dich geweint;
Besser weit weg, als nah, doch nie vereint.
Zähl deinen Weg mit Seufzern, ich mit Stöhnen.

Königin.

So wird der längre Weg das Weh mehr dehnen.

König Richard.

Bey jedem Tritt will ich denn zweymal stöhnen,
Den kurzen Weg verlängre trübes Sehnen.
Komm, laß nur rasch uns werben um das Leid;
Vermählt mit uns, bleibt es uns lange Zeit.
Ein Kuß verschließe unsrer Lippen Schmerz:
So nehm' ich deins, und gebe so mein Herz.

(Er küßt sie.)

Königin küßt ihn wieder.

Gieb meins zurück, es wär ein arger Scherz,
Bewahrt' ich erst, und tödtete dein Herz.
Nun geh! da du mir meins zurückgegeben,
Will ich mit Stöhnen es zu brechen streben.

König Richard

Dieß Zögern macht das Weh nur ausgelassen.
Leb wohl! das andre mag dein Kummer fassen.

(Alle ab.)

Fünfter Aufzug.

Erste Szene.

London. Ein Zimmer im Palaste des Herzogs von York.

York und die Herzogin von York treten auf.

Herzogin.

Ihr wolltet, mein Gemahl, den Rest erzählen,
Als ihr vor Weinen die Geschichte abbracht,
Von unsrer Vetter Einzug hier in London.

York.

Wo blieb ich stehn?

Herzogin.

Bey der betrübten Stelle,
Daß ungerathne Hände aus den Fenstern
Auf König Richard Staub und Kehricht warfen.

York.

Wie ich gesagt, der große Bolingbroke
Auf einem feurigen und muth'gen Roß,
Das seinen stolzen Reiter schien zu kennen,
Ritt fort, in stattlichem gemeßnem Schritt,
Weil alles rief: »Gott schütz dich, Bolingbroke!«
Es war als wenn die Fenster selber sprächen,
So manches gier'ge Aug' von jung und alt
Schoß durch die Flügel sehnsuchtsvolle Blicke
Auf sein Gesicht; als hätten alle Wände,
Behängt mit Schildereyn, mit eins gesagt:
»Christ segne dich! willkommen Bolingbroke!«
Er aber, sich nach beyden Seiten wendend,
Baarhäuptig, tiefer als des Gaules Nacken,
Sprach so sie an: »Ich dank euch, Landesleute!«
Und so stets thuend, zog er so entlang.

Herzogin.

Ach armer Richard! wo ritt er indeß?

York.

Wie im Theater wohl der Menschen Augen,
Wenn ein anmuth'ger Spieler abgetreten
Auf den, der nach ihm kömmt, sich lässig wenden,
Und sein Geschwätz langweilig ihnen dünkt:
Ganz so, und mit viel mehr Verachtung blickten
Sie scheel auf Richard; niemand rief: Gott
schütz ihn!
Kein froher Mund bewillkommt' ihn zu Haus.

Man warf ihm Staub auf sein geweihtes Haupt,
Den schüttelt' er so mild im Gram sich ab,
Im Antlitz rangen Thränen ihm, und Lächeln,
Die Zeugen seiner Leiden und Geduld:
Daß, hätte Gott zu hohen Zwecken nicht
Der Menschen Herz gestählt, sie mußten schmelzen,
Und Mitleid fühlen selbst die Barbaren.
Doch diese Dinge lenkt die Hand des Herrn:
Und seinem Willen fügt sich unsrer gern.
Wir schwuren Bolingbroke uns unterthan,
Sein Reich erkenn' ich nun für immer an.

(Aumerle tritt auf.)

Herzogin.

Da kommt mein Sohn Aumerle.

York.

Aumerle vordem,
Doch, weil er Richards Freund war, ist das hin.
Ihr müßt nun, Herzogin, ihn Rutland nennen.
Ich bürg' im Parlement für seine Treu
Und Lehnspflicht gegen unsern neuen König.

Herzogin.

Willkommen, Sohn! Wer sind die Veilchen nun,
Gehegt im grünen Schooß des neuen Frühlings?

Aumerle.

Ich weiß nicht, gnäd'ge Frau, mich kümmerts wenig.
Gott weiß, ich bin so gerne keins als eins.

York.

Wohl! thut, wie's für den Lenz der Zeit sich schickt,
Damit man nicht euch vor der Blüthe pflückt.
Was giebts in Oxford? währt das Stechen noch
Und die Gepränge?

Aumerle.

Ja, soviel ich weiß.

York.

Ich weiß, ihr wollt dahin.

Aumerle.

Wenn Gott es nicht verwehrt, ich bin es Willens.

York.

Was für ein Siegel hängt dir aus dem Busen?
Ha, du siehst bleich? Laß die Schrift mich sehn!

Aumerle.

Herr, es ist nichts.

York.

Dann darf es jeder sehn.

Aumerle.

Ich bitte euer Gnaden zu verzeihn,
'S ist eine Sache, die nicht viel bedeutet,
Die ich aus Gründen nicht gesehn will haben.

York.

Und die ich, Herr, aus Gründen sehen will.
Ich fürcht', ich fürchte, —

Herzogin.

Was doch fürchtet ihr?

'S ist nichts als ein Vertrag, den er hat eingegangen,
Zu bunter Tracht auf des Gepränges Tag.

York.

Wie? mit sich selbst? Was soll ihm ein Vertrag,
Der ihn verpflichtet? Du bist närrisch, Weib.
Sohn, laß die Schrift mich sehn.

Aumerle.

Ich bitt' euch sehr, verzeiht; ich darfs nicht zeigen.

York.

Ich will befriedigt seyn: laß mich sehn, sag' ich!

(Er reißt das Papier weg und liest.)

Verrath! Verbrechen! — Schelm! Verräther! Knecht!

Herzogin.

Was ist es, mein Gemahl?

York.

He! wer ist hier zu Haus? (Ein Bedienter kommt.)
Sattelt mein Pferd.
Erbarm' es Gott, was für Verrätherey!

Herzogin.

Nun, mein Gemahl, was ists?

York.

Die Stiefeln her, sag' ich! sattelt mein Pferd! —
Nun auf mein Wort, auf Ehre und auf Leben,
Ich geb' den Schurken an. (Bedienter ab.)

Herzogin.

Was ist die Sache?

York.

Still, thöricht Weib!

Herzogin.

Ich will nicht still seyn. — Sohn, was ist die Sache?

Aumerle.

Seyd ruhig, gute Mutter; 's ist nur etwas,
Wofür mein armes Leben einstehn muß.

Herzogin.

Dein Leben einstehn?

Der Bediente kommt zurück mit Stiefeln.

York.

Bringt mir die Stiefeln; ich will hin zum König.

Herzogin.

Schlag ihn, Aumerle! du starrst ganz, armer Junge. —

(Zu dem Bedienten.)

Fort, Schurke! komm mir nie mehr vors Gesicht.

York.

Die Stiefeln her, sag' ich.

Herzogin.

Ey, York, was willst du thun?
Willst du der deinen Fehltritt nicht verbergen?
Hast du mehr Söhne? oder mehr zu hoffen?
Ist des Gebährens Zeit mir nicht versiegt?
Und willst mir nun den holden Sohn entreißen?

Mir einer Mutter frohen Namen rauben? —
Gleicht er dir nicht? ist er dein eigen nicht?

York.

Du thöricht unklug Weib!
Willst diese nächtliche Verschwörung hehlen?
Ein Dutzend ihrer hat das Sakrament genommen,
Und wechselseitig Handschrift ausgestellt,
Zu Oxford unsern König umzubringen.

Herzogin.

Er soll nicht drunter seyn; wir halten ihn
Bey uns zurück: was geht es ihn denn an?

York.

Fort, thöricht Weib! und wär er zwanzigmal
Mein Sohn, ich gäb' ihn an.

Herzogin.

Hättst du um ihn geächzt,
Wie ich, du würdest mitleidvoller seyn.
Nun weiß ich deinen Sinn: du hegst Verdacht,
Als wär ich treulos deinem Bett gewesen,
Und dieser wär ein Bastard, nicht dein Sohn.
Mein Gatte, süßer York, sey nicht des Sinns,
Er gleicht dir so, wie irgend jemand kann,
Mir gleicht er nicht, noch wem, der mir verwandt,
Und dennoch lieb' ich ihn.

York.

Mach Platz, unbändig Weib! (ab.)

Herzogin.

Aumerle, ihm nach! Besteige du sein Pferd,

Jag, sporn, komm vor ihm bey dem König an,
Und bitt' um Gnade, eh er dich verklagt hat.
Ich folg' in kurzem dir: bin ich schon alt,
So hoff' ich doch so schnell wie York zu reiten,
Und niemals steh' ich wieder auf vom Boden
Bevor dir Bolingbroke verziehn. Hinweg!
Mach fort! (ab.)

Zweyte Szene.

Windsor. Ein Zimmer im Schloße.

Bolingbroke als König, Percy und andre Lords treten auf.

Bolingbroke.

Weiß wer von meinem ungerathnen Sohn?
Drey volle Monat sinds, seit ich ihn sah:
Wenn irgend eine Plag' uns droht, ists er.
Ich wollte, Lords, zu Gott, man könnt' ihn finden.
Fragt nach in London, um die Schenken dort,
Da, sagt man, geht er täglich aus und ein,
Mit ungebundnen lockern Spiesgesellen,
Wie sie, so sagt man, stehn auf engen Wegen,
Die Wache schlagen, Reisende berauben;
Indeß er, ein muthwillig weibisch Bübchen,
Es sich zur Ehre rechnet, zu beschützen
So ausgelaßnes Volk.

Percy.

Percy.

Vor ein paar Tagen, Herr, sah ich den Prinzen,
Und sagte ihm von dem Gedräng' in Oxford.

Bolingbroke.

Was sagte drauf der Wildfang?

Percy.

Die Antwort war, er woll' ins Badhaus gehn,
Der feilsten Dirne einen Handschuh nehmen,
Um ihn als Pfand zu tragen, und mit dem
Den bravsten Streiter aus dem Sattel heben.

Bolingbroke.

So liederlich wie tollkühn! Doch durch beydes
Seh ich noch Funken einer bessern Hoffnung,
Die ältre Tage glücklich reifen können.
Doch wer kommt da?

Aumerle tritt hastig ein.

Aumerle.

Wo ist der König?

Bolingbroke.

Was ist unserm Vetter,
Daß er so starrt, und blickt so wild umher?

Aumerle.

Gott schütz Eur Gnaden! Ich ersuch Eur Majestät
Um ein Gespräch, allein mit Euer Gnaden.

Bolingbroke.

Entfernet euch, und laßt uns hier allein.

(Percy und die Lords ab.)

Was giebt es denn mit unserm Vetter nun?

Aumerle kniend.

Für immer soll mein Knie am Boden wurzeln,
Die Zung' in meinem Mund am Gaumen kleben,
Wenn ich aufsteh und red', eh ihr verzeiht.

Bolingbroke.

War dieß Vergehen Vorsatz oder That?
Wenn jenes nur, wie heillos dein Beginnen,
Verzeih ich dir, dich künftig zu gewinnen.

Aumerle.

Erlaubt mir denn den Schlüssel umzudrehn,
Daß niemand kommt, bis mein Bericht zu Ende.

Bolingbroke.

Thu dein Begehren.

(Aumerle schließt die Thür ab.)

York draußen.

Mein Fürst, gieb Achtung! sieh dich vor!
Du hast da einen Hochverräther bey dir.

Bolingbroke.

Ich will dich sichern, Schurk.

Aumerle.

Halt ein die Rächerhand
Du hast nicht Grund zu fürchten.

York draußen.

Mach auf die Thür, tollkühner sichrer König!
Muß ich aus Liebe dich ins Antlitz schmähn?
Die Thür auf, oder ich erbreche sie!

(Bolingbroke schließt die Thür auf.)

York tritt ein.

Bolingbroke.

Was giebt es Oheim, sprecht!
Schöpft Odem, sagt, wie nah uns die Gefahr,
Daß wir uns waffnen können wider sie.

York.

Ließ diese Schrift, sey vom Verrath belehrt,
Den meine Eil mir zu berichten wehrt.

Aumerle.

Bedenke, wenn du liest, was du versprachst!
Lies hier nicht meinen Namen, ich bereue,
Mein Herz ist nicht mit meiner Hand im Bund.

York.

Das war es, Schelm, eh deine Hand ihn schrieb.
Ich riß dieß aus dem Busen des Verräthers,
Furcht und nicht Liebe zeugt in ihm die Reu.
Gönn' ihm kein Mitleid, daß dein Mitleid nicht
Zur Schlange werde, die ins Herz dir sticht.

Bolingbroke.

O arge, kühne, mächtige Verschwörung!
O biedrer Vater eines falschen Sohns!

Du klarer, unbefleckter Silberquell,
Aus welchem dieser Strom durch koth'ge Wege
Den Lauf genommen und sich selbst beschmutzt.
Dein überströmend Gutes wird zum Übel,
Doch deiner Güte Überfluß entschuldigt
Dieß tödliche Vergehn des irren Sohns.

York.

So wird die Tugend Kupplerin des Lasters,
Und seine Schmach verschwendet meine Ehre,
Wie Söhne, prassend, karger Väter Gold.
Meine Ehre lebt, wenn seine Schande stirbt,
In der mein Leben schnöde sonst verdirbt.
Sein Leben tödtet mich: dem Frevler Leben,
Dem Biedern Tod, wird deine Gnade geben.

Herzogin draußen.

Mein Fürst! um Gottes willen, laßt mich ein!

Bolingbroke.

Wer kann so gellend seine Bitten schreyn?

Herzogin.

Ein Weib, und deine Muhme großer König!
Sprich, habe Mitleid, thu mir auf das Thor,
Der Bettlerin, die niemahls bat zuvor.

Bolingbroke.

Das Schauspiel ändert sich; sein Ernst ist hin:
Man spielt »den König und die Bettlerin.«
Mein schlimmer Vetter, laßt die Mutter ein;
Es wird für eure Schuld zu bitten seyn.

York.

Wenn du verzeihest, wer auch bitten mag,
Verzeihung bringt mehr Sünden an den Tag.
Dieß faule Glied weg, bleibt der Rest gesund;
Doch dieß verschont, geht alles mit zu Grund.

Herzogin tritt ein.

Herzogin.

O Fürst, glaub nicht den hartgeherzten Mann,
Der sich nicht liebt, noch andre lieben kann.

York.

Verrücktes Weib, was ist hier dein Begehren?
Soll deine Brust noch mal den Buben nähren?

Herzogin.

Sey ruhig, lieber York! Mein König, höre!

(Sie kniet.)

Bolingbroke.

Auf, gute Muhme!

Herzogin.

Noch nicht, ich beschwöre!
Den immer will ich auf den Knieen flehn,
Und nimmer Tage der Beglückten sehn,
Bis du mich wieder heißest Freude haben,
Rutland verzeihend, meinem schuld'gen Knaben

Aumerle.

Ich werfe zu der Mutter Flehn mich nieder.

York.

Und wider beyde beug' ich treue Glieder.
Gewährst du Gnade, so gedeih dirs schlecht.

Herzogin.

Meynt ers im Ernst? Sieh ins Gesicht ihm recht:
Sein Auge thränet nicht, sein Bitten ist nur Scherz,
Der Mund nur spricht bey ihm, bey uns das Herz.
Er bittet schwach, und wünscht nichts zu gewinnen,
Wir bitten mit Gemüth und Herz und Sinnen.
Gern stünd' er auf, die matten Knie sind wund;
Wir knie'n, bis unsre wurzeln in dem Grund.
Sein Flehn ist Heucheln und voll Trüglichkeit,
Voll Eifer unsres, biedre Redlichkeit.
Es überbitten unsre Bitten seine;
Gnad' ist der Bitten Lohn: gewähr uns deine!

Bolingbroke.

Steht auf doch, Muhme.

Herzogin.

Nein, sag nicht: Steht auf!
Verzeihung! erst, und hintennach: Steht auf!
Und sollt' ich dich als Amme lehren lallen,
Verzeihung wär das erste Wort von allen.
So sehnt' ich mich, ein Wort zu hören, nie:
Verzeihung, sprich; dich lehre Mitleid, wie.
Das Wort ist kurz, doch nicht so kurz als süß,
Kein Wort ziemt eines Königs Mund wie dieß.

York.

So sprich Französisch; sag: pardonnez—moi.

Herzogin.

Lehrst du Verzeihung, wie sie nicht verzeih?
Ach herber, hartgeherzter Gatte du!
Du setzest mit dem Wort dem Worte zu.
Verzeihung sprich, wie man zu Land hier spricht,
Das Fränk'sche Kauderwelsch verstehn wir nicht.
Dein Auge redt schon, laß es Zunge seyn;
Dein Ohr nimm ins mitleid'ge Herz hinein,
Daß es, durchbohrt von Bitten und von Klagen,
Dich dringen mag, Verzeihung anzusagen.

Bolingbroke.

Steht auf doch Muhme.

Herzogin.

Ich bitte nicht um Stehn,
Verzeihung ist allhier mein einzig Flehn.

Bolingbroke.

Verzeihung ihm, wie Gott mir mag verzeihn!

Herzogin.

O eines knienden Kniees schön Gedeihn!
Noch bin ich krank vor Furcht: o sags zum zweyten,
Zweymal gesagt, solls ja nicht mehr bedeuten,
Bekräftigt eines nur.

Bolingbroke.

Verziehen werde
Von Herzen ihm.

Herzogin.

Du bist ein Gott der Erde.

Bolingbroke.

Was unsern biedern Schwager angeht, und den Abt,
Und all die andern der verbundnen Rotte,
Stracks sey Verderben ihnen auf der Ferse.
Helft, guter Oheim, Truppen abzusenden
Nach Oxford, oder wo sie liegen sonst.
Ich schwörs, sie sollen schleunig aus der Welt;
Weiß ich erst wo, so sind sie bald gefällt.
Oheim, lebt wohl! und Vetter, bleibt mir treu!
Wohl bat die Mutter vor; so hegt nun Scheu.

Herzogin.

Komm, alter Sohn, und mache Gott dich neu!

(Alle ab.)

Dritte Szene.

Exton und ein Bedienter treten auf.

Exton.

Gabst du nicht Achtung, was der König sagte?
»Hab' ich denn keinen Freund, der mich erlöst
Von der lebend'gen Furcht?« — War es nicht so?

Bedienter.

Das waren seine Worte.

Exton.

»Hab' ich denn keinen Freund?« so sagt' er zweymal,
Und wiederhohlt' es dringend. That ers nicht?

Bedienter.

Er thats.

Exton.

Und wie ers sprach, sah er auf mich bedeutend,
Als wollt' er sagen: wärst du doch der Mann,
Der diese Angst von meinem Herzen schied!
Zu Pomfret nämlich den entsetzten König.
Komm, laß uns gehn: ich bin des Königs Freund,
Und will erlösen ihn von seinem Feind.

(ab.)

Vierte Szene.

Pomfret. Das Gefängniß in der Burg.

König Richard tritt auf.

König Richard.

Ich habe nachgedacht, wie ich der Welt
Den Kerker wo ich lebe mag vergleichen;
Und, sintemal die Welt so volkreich ist,
Und hier ist keine Kreatur als ich,
So kann ichs nicht, — doch grübl' ich es heraus.

Mein Hirn soll meines Geistes Weibchen seyn,
Mein Geist der Vater: diese zwey erzeugen
Dann ein Geschlecht stets brütender Gedanken,
Und die bevölkern diese kleine Welt
Voll Launen, wie die Leute dieser Welt:
Denn keiner ist zufrieden. Die beßre Art,
Als geistliche Gedanken, sind vermengt
Mit Zweifeln, und sie setzen selbst die Schrift
Der Schrift entgegen.
Als: »Laßt die Kindlein kommen;« und dann wieder:
»In Gottes Reich zu kommen, ist so schwer
Als ein Kameel geht durch ein Nadelöhr.«
Die, so auf Ehrgeiz zielen, sinnen aus
Unglaubliches: mit diesen schwachen Nägeln
Sich Bahn zu brechen durch die Kieselrippen
Der harten Welt hier, dieser Kerkerwände;
Und, weil's unmöglich, härmt ihr Stolz sie todt.
Die auf Gemüthsruh zielen, schmeicheln sich
Daß sie des Glückes erste Sklaven nicht,
Noch auch die letzten; wie einfält'ge Bettler,
Die, in den Stock gelegt, der Schmach entgehn,
Weil Vielen das geschah und noch geschehn wird.
In dem Gedanken finden sie dann Trost,
Ihr eignes Unglück tragend auf dem Rücken
Von Andern, die zuvor das gleiche traf.
So spiel' ich viel Personen ganz allein,

Zufrieden keine; manchmal bin ich König,
Dann macht Verrath mich wünschen, ich wär
Bettler,
Dann werd' ichs, dann beredet Dürftigkeit
Mich drückend, daß mir besser war als König.
Dann werd' ich wieder König, aber bald
Denk' ich, daß Bolingbroke mich hat entthront,
Und bin stracks wieder nichts: doch wer ich sey,
So mir als jedem sonst, der Mensch nur ist,
Kann nichts genügen, bis er kommt zur Ruh,
Indem er Nichts wird. — (Musik.)
Hör' ich da Musik?
Ha, haltet Zeitmaß! — Wie so sauer wird
Musik, so süß sonst, wenn die Zeit verletzt
Und das Verhältniß nicht geachtet wird!
So ists mit der Musik des Menschenlebens.
Hier tadl' ich nun mit zärtlichem Gehör
Verletzte Zeit an einer irren Saite,
Doch für die Eintracht meiner Würd' und Zeit,
Hatt' ich kein Ohr, verletztes Maß zu hören.
Die Zeit verdarb ich, nun verderbt sie mich,
Denn ihre Uhr hat sie aus mir gemacht;
Gedanken sind Minuten, und sie picken
Mit Seufzern ihre Zahlen an das Zifferblatt
Der Augen, wo mein Finger wie ein Zeiger
Stets hinweist, sie von Thränen reinigend.
Der Ton nun, welcher sagt, was an der Uhr,

Ist lautes Stöhnen, schlagend auf die Glocke,
Mein Herz; so zeigen Seufzer, Thränen, Stöhnen,
Minute, Stund' und Zeit; — doch meine Zeit
Jagt zu im stolzen Jubel Bolingbroke's,
Und ich steh faselnd hier, sein Glockenhans. —
Wenn die Musik doch schwieg, sie macht mich toll!
Denn hat sie Tollen schon zum Witz geholfen,
In mir, so scheints, macht sie den Weisen toll.
Und doch, gesegnet sey, wer mir sie bringt!
Denn sie beweist ja Lieb', und die für Richard
Ist fremder Schmuck in dieser Hasser-Welt.

Ein Stallknecht tritt auf.

Stallknecht.

Heil, königlicher Fürst!

König Richard.

Heil, edler Pair.
Wer übertheuert nun den andern mehr?
Wer bist du? und wie bist hiehergekommen,
Wo niemand hinkommt, als der finstre Hund,
Der Speise bringt, das Misgeschick zu fristen?

Stallknecht.

Ich war ein armer Knecht vom Marstall, König,
Da du noch König warst; der, auf dem Weg
Nach York, mit vieler Noth zuletzt Erlaubniß
Bekommen habe, das Gesicht zu sehn

Von meinem weiland königlichen Herrn.
O wie das Herz mir weh that, anzusehn
In Londons Straßen jenen Krönungstag,
Als Bolingbroke den Barberschimmel ritt!
Das Pferd, das du so oft geritten hast!
Das Pferd, das ich so sorgsamlich gepflegt!

König Richard.

Ritt er den Barber? Sag mir, lieber Freund,
Wie ging er unter ihm?

Stallknecht.

So stolz, als wär die Erd' ihm zu gering.

König Richard.

So stolz, daß Bolingbroke sein Reiter war!
Die Mähr' aß Brod aus königlicher Hand,
Die Hand hier machte sie mit Klatschen stolz.
Und strauchelt' er denn nicht? fiel er nicht nieder,
(Stolz kommt ja vor dem Fall) und brach den Hals
Des stolzen Manns, der seinen Rücken einnahm?
Verzeihung, Pferd! was schelt' ich doch auf dich,
Da du, dem Menschen unterthan, gebohren
Zum Tragen bist? Ich war kein Pferd erschaffen,
Doch trag' ich eine Bürde wie ein Esel,
Gejagt und wund gespornt von Bolingbroke.

Gefangenwärter kommt mit einer Schüssel.

Gefangenwärter zu dem Stallknechte.

Mach Platz, Gesell! du darfst nicht länger weilen.

König Richard.

Wenn du mich liebst, mußt du hinweg nun eilen.

Stallknecht.

Was nicht mein Mund sagt, soll mein Herz doch theilen. (Ab.)

Gefangenwärter.

Herr, ists gefällig, zuzugreifen?

König Richard.

So koste erst, wie du gewohnt zu thun.

Gefangenwärter.

Ich darf nicht, Herr; Sir Pierce von Exton, der
Kürzlich vom König kam, befiehlt das Gegentheil.

König Richard.

Der Teufel hohle Heinrich Lancaster, und dich!
Geduld ist schaal, und ich habs nun genug.

(Er schlägt den Gefangenwärter.)

Gefangenwärter.

Hülfe! Hülfe! Hülfe!

(Exton und Bediente kommen bewaffnet.)

König Richard.

Ha!
Was will der Tod mit diesem Überfall?
Schelm, deine Hand beut das Werkzeug deines Todes.

(Er reißt einem das Gewehr weg, und erlegt ihn.)

Geh du, füll Einen Platz noch in der Hölle!

(Er erlegt noch einen, dann stößt ihn Exton nieder.)

Die Hand soll nie verlöschend Feuer foltern,
Die so mich stürzet. Deine freche Hand
Befleckt mit Königs Blut des Königs Land.
Auf, auf, mein Geist! den hohen Sitz zu erben,
Indeß mein Fleisch hier niedersinkt, zu sterben.

(Er stirbt.)

Exton.

Voll Muth, so wie voll königlichem Blut.
Beydes vergoß ich: wär die That nur gut!
Nun flüstert mir der Teufel, ders gerathen,
Sie steh verzeichnet bey der Hölle Thaten.
Den todten König bring' ich, König, dir;
Tragt fort die Andern, und begrabt sie hier.

(Ab.)

Fünfte Szene.

Windsor. Ein Zimmer im Schloß.

Trompetenstoß. Bolingbroke und York mit andern Lords und Gefolge treten auf.

Bolingbroke.

Mein Oheim York, das neuste was wir hören,
Ist dieß: daß Cicester in Glostershire
Von den Rebellen eingeäschert ist.
Ob sie gefangen, ob geschlagen worden,
Das hören wir noch nicht.

Northumberland tritt auf.

Willkommen, Herr! was bringt ihr Neues mit?

Northumberland.

Erst, deinem heil'gen Reich sey alles Glück
gewünscht!
Das Neue ist, daß ich nach London send'
Den Kopf von Salisbury, Spencer, Blunt und
Kent.
Die Art, wie sie gefangen, möge dir
Ausführlich hier berichten dieß Papier.

(Er überreicht ihm eine Schrift.)

Bolingbroke.

Wir danken, lieber Percy, deinen Mühn,
Und würdiglich soll deine Würde blühn.

(Fitzwater tritt auf.)

Fitzwater.

Mein Fürst, ich sandt' aus Oxford hin nach London
Den Kopf des Brokas und Sir Bennet Seely,
Zwey der gefährlichen verschwornen Rotte,
Die dir zu Oxford greulich nachgestellt.

Bolingbroke.

Fitzwater, deine Müh wird nie vergessen;
Wie hoch dein Werth sey, hab' ich längst ermessen.

(Percy tritt auf mit dem Bischof von Carlisle.)

Percy.

Der Hauptverschwörer, Abt von Westminster,
Hat vor Gewissens-Druck und düstrer Schwermuth
Dem Grabe hingegeben seinen Leib;

Doch hier steht Carlisle lebend vor dem Thron,
Den Spruch erwartend, seines Stolzes Lohn.

Bolingbroke.

Carlisle, dieß ist dein Urtheil: wähl dir aus
Zum stillen Aufenthalt ein geistlich Haus,
Mehr als du hast; da labe deinen Sinn,
Und, lebst du friedlich, scheid' auch friedlich hin.
Denn hegtest du schon immer Feindesmuth,
Ich sah in dir der Ehre reine Glut.

(Exton tritt auf mit Dienern, die einen Sarg tragen.)

Exton.

In diesem Sarg bring' ich dir, großer König,
Begraben deine Furcht: hier liegt entseelt
Der Feinde mächtigster, die du gezählt,
Richard von Bourdeaux, her durch mich gebracht.

Bolingbroke.

Exton, ich dank' dir nicht; du hast vollbracht
Ein Werk der Schande, mit verruchter Hand,
Auf unser Haupt und dieß berühmte Land.

Exton.

Aus eurem Mund, Herr, that ich diese That.

Bolingbroke.

Der liebt das Gift nicht, der es nöthig hat.
So ich dich: ob sein Tod erwünscht mir schien,
Den Mörder haß' ich, lieb' ermordet ihn.
Nimm für die Mühe des Gewissens Schuld,

Doch weder mein gut Wort noch hohe Huld.
Mit Kain wandre ewig nun im Dunkeln,
Nie müss' ein Sonnenstrahl ums Haupt dir
funkeln. —
Lords, ich betheur' es, meiner Seel' ist weh,
Daß ich mein Glück bespritzt mit Blute seh.
Kommt und betrauert mit, was ich beklage;
Daß düster Schwarz sofort ein jeder trage!
Ich will die Fahrt thun in das heil'ge Land,
Dieß Blut zu waschen von der schuld'gen Hand.
Zieht ernst mir nach, und keine Thränen spare,
Wer meine Trauer ehrt, an dieser frühen Bahre.

(Alle ab.)

www.ingramcontent.com/pod-product-compliance
Lightning Source LLC
Chambersburg PA
CBHW020511270326
41926CB00008B/824
9783743630277